品成

阅读经典　品味成长

低风险开启第二职业

夏捷立·帆书团队◎编

夏捷立 等◎著

人民邮电出版社

北京

图书在版编目（CIP）数据

低风险开启第二职业 / 夏捷立·帆书团队编 ；夏捷立等著 . -- 北京 ：人民邮电出版社 ，2025. -- ISBN 978-7-115-65805-0

Ⅰ . F307.5

中国国家版本馆 CIP 数据核字第 2024KD0365 号

◆ 编　　　夏捷立·帆书团队
　　著　　　夏捷立 等
　　责任编辑　孙　睿
　　责任印制　陈　犇
◆ 人民邮电出版社出版发行　　北京市丰台区成寿寺路 11 号
　　邮编 100164　　电子邮件 315@ptpress.com.cn
　　网址 https://www.ptpress.com.cn
　　文畅阁印刷有限公司印刷
◆ 开本：880×1230　1/32
　　印张：7.125　　　　　　　2025 年 1 月第 1 版
　　字数：129 千字　　　　　　2025 年 1 月河北第 1 次印刷

定价：45.00 元

读者服务热线： （010）81055671　印装质量热线： （010）81055316
反盗版热线： （010）81055315
广告经营许可证：京东市监广登字 20170147 号

每个人都拥有无限的潜力，但许多人却因为对风险的恐惧而止步不前。风险，作为一个常常被人们回避的概念，的确带来了不确定性和挑战。然而，做副业并不一定要冒着巨大的风险。我们可以使用科学的方法和策略，最大限度地降低做副业的风险，并通过做副业来改善生活质量，实现个人目标。

在我的前作《低风险创业》中，我提出了"配置你的创业杠铃"的概念。这一概念对于理解主业和副业的配合至关重要。所谓"创业杠铃"，就是在两个极端之间找到平衡点：一端是安全可靠的主业；另一端是充满潜力的副业。这种配置方式不仅能够有效降低风险，还能在稳定的基础上实现收益最大化。

当我刚开始做樊登读书会①的时候，我还是一名大学老师，每月的收入是6000元，生活轻松又愉快。许多人劝我辞职，全身心投入创业，但我的选择是"脚踏两只船"。直到樊登读书会的年收入超过5000万元后，我才忍痛辞去了学校的工作。这一经历让我深刻理解了在创业初期，如何在稳定与风险之间找到一个理想的平衡点。

那么，是否所有的副业都需要辞掉主业工作呢？是否所有的副业都应该全力以赴、义无反顾呢？可以"脚踏两只船"的又是哪些副业呢？

在《创业维艰：如何完成比难更难的事》（*The Hard Thing About Hard Things*）中，作者本·霍洛维茨（Ben Horowitz）讲到许多成功的创业者在早期并未完全放弃现有的稳定工作，而是先在副业上取得初步成果，再逐步转向全职创业。这种策略使他们能够在不完全依赖副业收入的情况下进行创新和试验。这种逐步过渡的方式，避免了将所有资源和精力完全投入副业而带来的高风险，使得他们在面临失败时，能够保证一定的经济安全。

纳西姆·尼古拉斯·塔勒布（Nassim Nicholas Taleb）在《反脆弱：从不确定性中获益》（*Antifragile: Things That Gain from Disorder*）一书中，也为我们进一步阐述了成功创业者如何通过

---

① 2013年11月，樊登创办"樊登读书会"。2018年，"樊登读书会"正式更名为"樊登读书"。2023年2月，"樊登读书"正式更名为"帆书"。

杠铃式的风险管理增强应对不确定性的能力。塔勒布认为，成功的创业者在做好充分准备的同时，也通过做副业探索新的机会。通过对市场的充分了解和对风险的精准把控，他们能够在不确定的环境中稳步前行。副业的灵活性和主业的稳定性相结合，形成了一种风险最小化的有效策略。

所以我们可以看到，副业的价值不仅在于增加收入，更在于提升个人能力和家庭抗风险能力。生活中，大家可能时常会感受到或多或少的经济压力，也常常担心单一收入来源的脆弱性。尤其是中年人，一旦事业不稳定，家庭也会受到影响。大家的焦虑会不自觉地传递给身边的人。

如果当初你觉得低风险创业对你来说还是有点太遥远，那么低风险做副业没准儿你真的能试试。这不仅是赚钱的机会，更是一种自我提升的途径。通过做副业，我们可以不断提升自己的能力，开拓新的视野，拓展人际关系资源。本书将为你详细介绍几种有价值的副业方向，并且阐述了一些被论证过的方法和技巧，以帮你走上做副业这条路。

当然，保持积极的心态也是至关重要的。做副业是跑一场马拉松，而不是参加短跑比赛。在这个过程中，我们可能会遇到各种挑战和困难，但只要我们坚持不懈，保持积极的心态，就有机会实现目标。因为副业做得成功不仅需要策略和方法，还需要耐心和毅力。只有坚持下去，我们才能实现自己的目标和梦想。

通过本书，我希望更多的人认识到，做副业并非遥不可及的梦想，而是每个人都可以通过努力做到的事情。无论你是职场新人还是资深职员，无论你是全职妈妈还是自由职业者，只要你愿意尝试做副业，就有机会实现财务自由，过上自己想要的生活。

所以，不妨尝试一下，看看做副业是否适合你。通过努力和探索，你或许会发现，它不仅能带来额外的收入，还能为你的人生增添新的色彩和机会。试试看吧，也许你会收获意想不到的惊喜。

樊　登

第四章　炙手可热的副业之选：短视频与直播达人

第五章　未来可期的副业之选：家庭教育指导师

第六章　低风险做副业的心态准备

1

低风险做副业的意义

本章作者：夏捷立

低风险做副业的原因与价值

第一节

不知道大家有没有发现，最近几年，大家好像都很困难，尤其是中年人。

一方面，很多曾经高速发展的行业过了红利期，一些大型企业纷纷裁员甚至破产，但又有很多毕业生不断涌入劳动力市场。一些关于"35岁中年危机"的议论四起，甚至不少公司在招聘时有了明里暗里不合规的年龄限制。曾几何时，我们的父辈可以在一个行业、一家单位安稳地干到退休。但是，现在好像不行了。

另一方面，又感觉好像毕业后踏入社会没几年，整个生活的重担就一点点地压了过来：买房了的人要还贷款，成家后又有各种开销，生了孩子还有养育支出，同时还要供养日渐老去的家人。这些生活的重担和成本像海浪一样推着我们往前走，让我们不敢停止工作。

有一份能安稳干到退休的工作已是过去式，各种生活成本递增是进行式，那么人生的将来式是什么样的？

我给身边有这些压力和担忧的朋友的统一建议是："无论主业是做什么的，都要积极拓展一些副业，帮助自己对冲失业的风险。要为自己的人生不断探索新的可能性。我命由我不由天，个人人生的成败要由自己去掌控。"

低风险开启第二职业

樊登老师之前讲过一本书，叫《反脆弱：从不确定性中获益》，核心观点就是：世界的脆弱性越来越强，在那些看也看不清的变数里，大多数人应该学会"反脆弱"的思维方式。把维持生活需要的经济来源，都寄希望于经济环境一直上行，行业发展蒸蒸日上或者公司的用人策略对老员工友好这种传统的认知上，是非常脆弱的，因为时代变了。但是，在做好主业工作的同时，积极去寻找一些副业，拓展更广泛的经济来源和人生的可能性，是一种反脆弱的做法。

那么，真的有这么多适合普通人的副业吗？

其实还真有。因为虽然经济大环境有波动，但是整体社会的活力还是很强的，不断有新的事情和需求出现，很多工作都属于副业。

比如，过去几年，像抖音、快手、视频号、小红书这样的新媒体平台发展得很快，使用的人很多。日常刷短视频，看图文信息，在直播间下单买东西，都是大家慢慢习以为常的生活方式。除了那些运营得非常好的博主，大部分拍短视频的网红，写图文内容的博主，直播间带货的主播都是以兼职副业的形式进行这项事业的。

再比如说，一些带娃经验丰富的宝爸宝妈，通过短视频甚至朋友圈传播育儿心得，邀请感兴趣的用户去购买他们做的课程或者进行一对一咨询，这类"知识付费"行业的从业者，基本也都是以副业形式开展工作的。

甚至很多副业工作的门槛更低：在朋友圈发布一些图文内容挂个微店的链接卖卖货，出去吃饭逛街拍些照片和视频发在抖音上给店家做推荐赚佣金。这种举手之劳，也能赚到一点外快，拓展新的赚钱渠道。

不少能赚钱的副业就在大家身边，但是却没有被注意到，主要就是源自信息差——"不知道还能这么赚钱"。而本书的写作目的就是给普通人提供一些做副业的信息和思路，让大家能够了解一些"低风险做副业"的方法。

我自己就是一个很好的例子。因为想清楚人生需要"反脆弱"，以及因为工作关系了解到了很多信息，我过去几年在做好主业的同时，也顺便给自己积极拓展了副业。

2020 年年初，我加入帆书（原樊登读书）担任副总裁。在帆书的这几年，我从 0 到 1 搭建了数据体系和 App 运营体系，还负责公司的新媒体工作（短视频内容、直播带货、流量采买、新媒体营销等），然后开始负责新的付费内容产品的孵化，两年内就带领团队开拓出了几条上亿规模的产品线。

因为在帆书工作，我在潜移默化中也受到了帆书创始人樊登老师的启发和鼓舞。樊登老师曾经是中央电视台主持人，也在大学做过老师。他因为自己喜欢读书，也通过读书提升了认知，就一直希望身边的人也去读书。但是，离开学校开始工作后还能坚持读书的成人毕竟是少数，所以，一开始樊登老师没少碰壁。但是，樊登老师拓展出了通过做副业推广读书的方式，他借着日常线下演讲和兼职做培训讲师的机会，不断给大家推荐图书，慢慢地发现，很多人只听他推荐书名可能无动于衷，但是听到他把书里的内容和自己的理解讲一遍的时候，往往会对这本书更感兴趣，还会去买来阅读。逐渐地，樊登老师就探索出了帆书现在的主要付费内容模式——图书解读的雏形，并且顺势把副业做成主业，创立了樊登读书。2023年，樊登读书正式更名为"帆书"，现在仅帆书 App 的用户就已超过 7000 万。

在樊登老师做副业故事的激励下，我从 2021 年开始，也积极探索有哪些事情能当成副业做，给自己的人生和公司的业务开辟一些新方向。

低风险做副业的原则与流程

第二节

首先，我选择了一个适合我的新媒体平台——小红书，尝试成为一名博主，通过制作图文内容给大家分享如何在职场上做好工作从而升职加薪。图文主题和内容都源自我日常团队管理的经验总结。刚开始写的时候，也没什么人看，但是我自得其乐，也没有太功利的想法，只是不断写下去。我的小红书账号现在已经有好几万粉丝，日常会接到世界 500 强企业、大消费品公司等广告主来找我发图文内容广告。如果哪天我不想上班了，那么做小红书职场博主就可以是我副业的选择之一。

其次，我会积极参与自己孵化的业务直播和线下课程。我偶尔会去自己团队负责的直播间里做主播，讲讲我的读书心得，推荐一下帆书的听书卡，探索直播销售的方法。我有条业务线涉及线下培训，需要一个能讲清楚互联网和新媒体行业发展的讲师，因为我以前做过战略咨询，又从事互联网和新媒体行业多年，所以就主动要求去做讲师。一开始讲课，我还有点紧张，准备的内容也比较严肃，到现在，我已经能轻松讲几个小时，还广受学员好评。工作之余做做主播和讲师，也让我掌握了"职场打工"以外的技能，未来如果要做这方面的副业也算有实操经验了。

最后，我希望以我个人的例子告诉大家，做主业和做副业并不矛盾，具备"反脆弱"意识，提早探索副业方向，给未来的人生提供更多的选择总是没坏处的。

一、"三低三高"原则

普通人如果做副业，该如何开始呢？

我总结了普通人做副业的"三低三高"原则。

1. 低风险

既然本书的名字叫《低风险开启第二职业》，做副业的第一个原则肯定是"低风险"。

樊登老师写过一本书——《低风险创业》，其中有个观点是：如果要创业开公司，其实一开始不需要投入很多资源。卖房卖车、砸锅卖铁这种不留退路的创业方式是不可取的，因为很容易给自己额外的压力，让心态失衡，动作变形，最终造成创业失败。

同样的逻辑套用到普通人做副业上，也是一样的。之前和身边的朋友聊起做副业的话题，有些人，尤其是对当前主业不太满意的人，就会头脑一热，说："我上班上得不舒心确实已经很久了，你说得对，我明天就去辞职，然后追寻我的梦想——环游世界，同时兼职做个旅游博主。"一般如此热血的朋友都会被我的几个问题劝回来："你现在离职没工资，万一副业短期做不起来没收入怎么办？你的日常开销谁来管？你的房贷、车贷怎么办？"

这些问题的核心就是让大家意识到"低风险"的重要性。探索副业需要一定的过程，简单尝试就能赚到钱的方式叫"一夜暴富"，不叫探索副业。一夜暴富要看运气，探索副业要看耐心。如果主业不稳，生活压力大，那么副业也不会有耐心做好。

以我个人为例，如果我在做小红书博主的初期，就把在帆书的工作辞了，天天在家创作图文，看着一天涨几十个粉丝，指望能接到广告维持我的日常开销，那么我肯定会心态失衡，动作变形，反而写不出好的图文内容，做不好小红书职场博主。

因此，在探索副业时，一定要让自己生活面临的风险维持在低水平。如果这个阶段家里开销大、事情多（比如刚生完孩子），就先把主要的工作做好，不要急着去拓展副业。如果现在主业工作还比较稳定，日常生活没什么大事要操心，就趁着"天晴的时候修屋顶"，去探索一下感兴趣的副业方向，用主业赚到的钱维持日常生活开销。切忌砸锅卖铁、背水一战、不留余地地去做副业。

2. 低投入

普通人探索副业的另一个原则，是控制资金和时间的投入。

市场上有很多做加盟的机会，如投资加盟便利店、奶茶店等。这很可能一开始就要付不少加盟费，可能还得雇用员工，甚至自己也要花很多时间去管理和学习。如果你有闲钱（日常积蓄不少）或者行业经验丰富（以前在便利店打工，熟门熟路），那没问题。但是如果是因为想探索新的副业方向，一开始就投入很多财力和精力到一个不熟悉且回报周期较长的领域，这是非常不可行的。

所费不多地学习一下副业的门道可以，重金投资就没必要了。闲暇时间探索尝试一下没问题，但是如果要占用大部分精力，影响主业或者日常生活，就得认真考虑了。

我的团队中有名员工，毕业后一边工作一边做副业，但是没有理解"低投入"的原则，就选择加盟了一家轻食店。一开始，她被品牌方的加盟方案吸引，认为这是未来年轻人的饮食方向，低投入、高回报。结果投入初始资金后，发现运营一家轻食店远没有想象中的那么简单。除了工作日的中午，周围办公楼的都市白领们会来吃点轻食，其他时间段，尤其周末，基本上没有什么客源。但是开店装修、加盟、雇用员工的钱已经投进去了，只能硬着头皮接着干，最后竟然亏了上百万元，欠着"一屁股债"来帆书好好上班还债了。高投入的副业搞砸就得靠主业来救，这也违背了"反脆弱"及低风险做副业的初衷。

3. 低门槛

普通人做副业的第三个原则是找那些门槛低的副业进行尝试。有些副业方向，虽然时间占用不多而且能赚钱，但是不一定每个普通人都能做。

比如，之前网上球鞋鉴定这个工作比较火，很多专业的球鞋鉴定师通过鉴定用户买的球鞋的真伪能赚不少钱，而且这是个相对轻松、不太需要坐班的副业。但是，要做这行，没有对球鞋的深入了解和好眼力，是根本不可能干好的。

又如，虽然我一直觉得做主播是个不错的副业选择，但是有一类主播即使赚钱，因为门槛比较高，我一般也不建议尝试，这就是游戏主播。那些在直播平台通过直播打游戏就能赚到钱的游戏主播往往都是退役的电子竞技选手或者很厉害的资深游戏玩家，要成为这样的人的难度其实比考上985、211大学还要大，相当于练体育进入国家队征战奥运会的难度。这样的副业门槛太高，一般游戏爱好者自己平时打打游戏就行，不要指望靠做游戏主播来赚副业的钱了。

适合普通人的低门槛副业，最好是那种稍微学习点技能和方法，之后凭借自己持续的努力和时间投入，就能不断做下去且赚到钱的事情。资历要求高、技能水平要求高或者面对的市场人群不够大的副业方向，更加适合小部分专精类人才，不适合广大普通人。

4. 高灵活性

普通人低风险做副业还有个非常重要的原则，就是要保持高度的时间灵活性和空间灵活性。

如果有些副业方向，需要固定时间、固定地点去做，像日常上班打卡一样，那么除非你的时间非常充裕或者对这个副业极度热爱，否则很难坚持下去。

比较好的副业是做副业的时间和地点高度灵活。比如，家里有孩子的宝妈选择去微信社群做兼职运营，完全可以灵活工作，选择孩子睡觉或者上学的时间去做副业，或者在家里发发消息就行，不需要去固定的办公地点坐班。

举个时间和空间都灵活的副业的例子。抖音、快手、视频号等新媒体平台上的帆书直播间做图书和听书卡直播带货的业务，就是招募了一群有销售经验的帆书书友来做的。她们很多是宝妈，之前听帆书里的育儿类图书内容，现在经过培训筛选，与帆书合作做主播。她们一般就是把孩子送去上学，做完家务后，开始在家里登录帆书的直播账号线上开播，讲讲图书内容，分享书友故事，推荐帆书的图书和听书卡，一天工作3～4小时，兼职收入还不错。

5. 高成长性

普通人做副业还容易忽略的一个原则，就是成长性，我们要去找一些"高成长性"的副业方向。

可能有些朋友会问，已经是副业了，还能有成长性吗？其实，很多副业如果做得好，将来也可以成为主业。除了樊登老师将图书解读这个副业做成帆书这样极其成功的案例，再给大家分享几个我遇到的例子，都是在日常团队招聘时发生的。

比如，前几年我刚开始负责带领帆书的新媒体团队时，需要招一些新员工负责帆书以及合作方在短视频平台上的内容制作和发布。当时做短视频还是个新鲜事，当我发出去的职位要求里明确写着"需要2～3年新媒体运营经验"时，来面试的都是之前运营微博和公众号的人，其实他们的工作和做抖音、快手短视频并不是一回事，这让我很苦恼。

后来我在面试实习生时，反而招到了能来全职做新媒体账号运营的人。很多大二、大三的学生来帆书新媒体团队面试，我发现他们都是日常自己会运营抖音或小红书的账号，很多学生的账号的运营数据还不错。对那些同学而言，这可能就是兴趣使然做着玩，但在我看来，这可是实打实的短视频账号创作和运营经验啊！很多这样的学生就在我的团队中从实习生开始干起，慢慢成为全职做短视频或直播的运营人员。一开始的兴趣帮助他们找到了主业工作。

再比如，我之前招聘负责社群的运营人员时，看到一份简历，这个人虽然没有全职的社群运营工作经历，但是他写了曾经在特殊时期小区封闭的时候做过"团长"。我赶紧邀请他来面试，听听他管理百人团购群的实操经验。对他而言，这可能是特殊时期顺手去做的事情；但是在我看来，这可是货真价实的社群运营经验。

6. 高乐趣性

普通人做副业还会忽视一个重要的原则，就是高乐趣，即要找自己觉得很有乐趣的副业方向。

因为做副业很多时候不会迅速做出成绩，通常都会经历一个相当长的没有什么成绩的时期，慢慢学习，慢慢积累，没有正反馈，也没怎么赚到钱。在这段时期，我们如果没有对副业的热情，无法在探索的过程中找到乐趣，那么非常容易半途而废。

比如，我的副业是做小红书职场博主，在前期就经历过大半年的时间，粉丝数量一直不过 2000 人，每篇文章也就得到几十个赞，广告更是连影子都没有。在这种情况下，放弃不做了也是非常合情合理的选择。

但是，我当初选择做下去，不仅是因为我觉得胜利的曙光就在眼前，更重要的是我就是个非常喜欢分享的人，我很乐意把自己的职场经验写成文章发出去，只要有人看，即使人不多，我也会觉得自己在帮助别人，因此特别开心。即使那段时间做小红书图文内容的数据不好，也没有收益，但是光这份热情和乐趣，就让我坚持每周发布 1 ~ 2 篇内容，从量变到质变，我终于等来了小红书账号数据爆发的拐点。

再总结一下，普通人低风险做副业的"三低三高"原则。

低风险：不要辞职做副业，稳定的收入来源能够让做副业的心态更轻松。

低投入：不要投入过多金钱和时间做副业，忌成本过高，先低成本地学习方法就行。

低门槛：高技术要求的副业不适合普通人，学点方法然后凭借持续努力就能做好的副业才合适。

高灵活性：随时随地、在家就能做的副业，最轻松、最省力。

高成长性：成长性好的副业，为你带来收益的同时，说不定有一天还可能发展为主业。

高乐趣性：选一个即使短期内无法取得成绩，但因为自己喜欢也能坚持下去的副业方向。

二、做副业的四个阶段

在介绍了做副业的"三低三高"原则后，我还为大家准备了一个清晰的做副业流程，帮助大家系统性地做自己的副业。这个流程分为以下四个阶段：启动、验证、扩大和转主业。

1. 启动

首先，选择一个你感兴趣且适合的副业方向。这个选择非常重要，因为它将决定你在副业上的投入和坚持程度。选择副业方向时，一定要考虑自己的兴趣、技能和时间安排。

兴趣：选择一个你感兴趣的领域会让你更愿意投入时间和精力。比如，如果你对短视频和直播感兴趣，就可以尝试进行直播带货或短视频内容创作。又如，如果你本来就是个喜欢旅游、逛街、探索美食的人，那么可以尝试本地生活探店类的副业，边玩边做副业赚钱。所以，兴趣是你持续经营副业和不断学习的动力源泉。

技能：选择一个你有一定技能基础或者你很擅长的领域，这样可以让你在起步阶段更容易上手。如果你擅长幕后工作，可以尝试做全媒体运营。如果你的镜头表现力强，也可以通过学习短视频制作和直播技巧，逐步提升自己的能力。如果你觉得自己在养育孩子方面很有心得体会，也可以将传授养育方法作为副业。

时间安排：选择一个能灵活安排时间的副业方向。比如，如果你每天有固定的空闲时间，可以选择一个需要固定投入时间的副业；如果你的时间不固定，就选择一个可以随时随地进行的副业。

2. 验证

在上一阶段确定副业方向后，接下来要在小范围内进行尝试和验证。这个阶段的目标是低成本、低风险地测试副业的可行性和收集市场反馈。

小范围尝试：利用业余时间开始做副业，不要一开始就投入大量资源。比如，利用下班后的时间制作短视频，或者在周末直播。通过小范围的尝试，验证副业的可行性和市场反馈。对新手而言，可以从简单的内容入手，如分享生活中的趣事等。当然，你也可以多发几条朋友圈动态，在抖音平台上发几条短视频，开一次视频号直播试试。在新媒体平台如此发达的一个时期，对想做副业的同学们来说，低成本测试自己的想法"是否真的行"的方法有不少。

借鉴：在起步的验证阶段，多看看那些你想做的领域的头部博主的内容是非常有必要的。国画大师齐白石先生说过一句话："学我者生，似我者死。"意思其实也是要多学习其他做得好的人的方法和精髓，但是不要完全照抄，要在学习借鉴的过程中摸索出属于自己的风格特点。

记录和分析反馈：在验证的过程中，要记录你的数据和用户反馈。这些数据可以帮助你判断副业的市场潜力和发展方向。比如，记录你的短视频的播放量、点赞量和评论数，或者直播间的观看人数和销售额。通过分析这些数据，你可以了解到用户的喜好和需求，及时调整和优化你的内容策略或直播方式。

3. 扩大

如果验证阶段的反馈良好，那么你就可以逐渐增加投入，扩大副业的规模。

反馈良好的信号可以有很多，比如在抖音发布的育儿知识的短视频收获很多点赞，或者在视频号讲历史知识得到很多转发，甚至随手拍了探店的美食视频加了团购链接，实现了好几单销售。

增加投入：在验证阶段的基础上，可以考虑投入更多的时间和资源，以提高副业的收益。比如，增加发布内容的频率，或者在多个平台进行直播。

优化和改进：根据验证阶段的数据和反馈，不断优化和改进你的内容和运营策略。比如，根据用户反馈调整自己图文内容的主题和风格，或者优化直播的时间和内容。

4. 转主业

当副业的收入和发展前景达到一定水平时，你就可以考虑将副业转为主业。这时，需要全面评估自己的经济状况和职业规划，确保在副业转为主业后的收入能够维持生活和继续发展。

全面评估：在作出转主业的决定前，全面评估你的副业收入和发展前景。要确保副业的收入能够覆盖你的基本生活开销，并有一定的增长潜力。

职业规划：综合自己的职业规划，评估转主业对你的职业发展的影响。比如，转为主业能否带来更多的发展机会，是否符合你的长期职业发展目标。

准备和过渡：在作出转主业的决定后，要做好充分的准备和过渡工作。比如，提前规划好过渡期的财务安排，确保转为主业后的稳定性。

经过启动、验证、扩大和转主业这四个阶段，你可以系统性地发展你的副业，逐步实现从副业到主业的转变。

在这一节中，我们详细探讨了普通人低风险做副业的"三低三高"原则，以及启动、验证、扩大、转主业的副业发展流程。通过理解和应用这些原则和流程，我们可以更有策略地发展自己的副业。只要我们有勇气迈出第一步，就有机会在副业中找到属于自己的成功之路。

低风险做副业的方向与建议

第三节

在理解了副业"三低三高"的原则和系统性地做副业的流程之后，我们首先要做的就是选择一个适合自己的副业方向。下面介绍几个当下非常有前景且适合普通人尝试的副业方向。这些方向不仅具备较低的进入门槛和较高的灵活性，还拥有广阔的市场需求和良好的成长潜力。

一、全媒体运营师

全媒体运营师是一个非常有前景的副业方向。随着新媒体平台的快速发展，越来越多的企业需要专业的全媒体运营人才来管理和运营他们的社交媒体账号，包括制作短视频内容、直播带货等。

除了企业，个人也可以通过对全媒体运营的学习，实现更好的流量管理和转化。例如，你可以通过在多个社交媒体平台上发布优质内容吸引粉丝（公域流量）。这些平台包括抖音、快手、小红书和微博等。接着，你可以将这些粉丝引导到你个人的微信或 QQ 群（私域流量）。在这些相对个人的空间里，你可以与他们建立更深的互动关系。定期发布有价值的信息、提供特别优惠或开展互动活动，能够让这些粉丝成为你的忠实用户，从而实现持续的收益。

全媒体运营师的工作具有较高的灵活性，可以在家中或任何有网络的地方进行。对于那些不太愿意在镜头前表现自己，更愿意通过文字和内容创作进行交流的人来说，全媒体运营师是一个理想的选择。即使你没有丰富的运营经验，通过系统的学习和持续的实践，也能逐步掌握相关技能。

从全媒体运营师的发展前景来看，互联网和新媒体的发展为个人和企业都带来了巨大的机遇。

二、本地生活达人

随着互联网和智能设备的普及，消费者的消费习惯正在悄然发生变化。通过抖音、美团和大众点评等平台，消费者可以方便地获取本地商家的信息和服务，享受更加便捷的生活。这种变化不仅提升了用户体验，也为本地商家和达人带来了新的发展机遇。

作为本地生活达人，你可以通过记录和分享本地特色景点、住宿体验、美食探店等内容，吸引大家关注。通过创作有趣的短视频或进行直播，你可以为本地商家带来流量，并从中获得佣金收入。例如，通过与本地商家合作，达人可以分享自己的真实体验和推荐，帮助商家提升知名度和客流量。

本地生活达人的工作不仅灵活，还能让你在探索和分享过程中获得乐趣和成就感，尤其适合那些喜欢吃喝玩乐、爱拍照探店的人。通过持续输出优质内容，你可以积累更多的粉丝和收益，实现个人价值和经济收益的双重收获。

随着本地生活服务市场的不断发展，商家和达人的角色将越来越重要。通过学习相关的营销技巧和社群运营技巧，普通人也能在这个新兴的领域找到自己的位置。

三、短视频和直播达人

短视频和直播达人是近年来非常火爆的副业方向。随着抖音、快手等平台的兴起，短视频和直播带货成为一种新的营销方式。作为短视频和直播达人，你可以通过分享有趣的内容、互动直播，吸引粉丝和赚取收益。

短视频和直播非常适合那些善于表达、有创意并且喜欢与人互动的朋友。通过不断学习直播技巧和丰富内容创意，你就可以逐步积累粉丝，提高收入，未来有可能将其发展为主要的收入来源。

短视频和直播不仅为大家提供了一个展示自我和实现创意的途径，还可以带来丰厚的经济回报。未来，随着新媒体带货市场的进一步发展，短视频和直播的前景将更加广阔。

四、家庭教育指导师

对于有教育专业背景或者对教育有兴趣的人而言，家庭教育指导师是一个非常合适的副业选择。随着家长们对孩子教育重视程度的提升，越来越多的家庭需要专业的教育指导和咨询。家庭教育指导师特别适合三类人：对家庭教育感兴趣的人、为人父母的宝爸宝妈，以及既想带好自己的孩子也想帮助大家的人。家庭教育指导师可以通过线上或线下的方式，为他人提供家庭教育咨询、课程辅导和育儿建议，帮助他人更好地教育和培养孩子。

家庭教育指导师的工作可以根据自己的时间安排进行，非常灵活。你可以在线上提供家庭教育咨询和育儿建议，或者设计和讲解家庭教育课程，也可以举办线下讲座，与家长进行面对面的交流和分享。

家庭教育指导师不仅可以帮助更多的家庭，还可以作为一项长期稳定的副业。随着社会对教育的重视程度不断提高，家庭教育指导师的需求也会越来越大。未来，这个领域将会有更多的发展机会，为你的职业生涯带来新的可能性。

选择一个有价值的副业方向，是我们成功发展的关键一步。全媒体运营师、本地生活达人、短视频和直播达人、家庭教育指导师，都是当下非常有前景且适合普通人尝试的副业方向。它们不仅具备较低的进入门槛和较高的灵活性，还拥有广阔的市场需求和良好的发展潜力。

无论选择哪个方向，只要我们坚持不懈，积极探索，就一定能够在副业中找到属于自己的成功之路，为未来的人生和职业发展提供更多的选择和保障。

2

第二章

易如反掌的副业之选：全媒体运营师

本章作者：冯蕊

全媒体运营师，顾名思义，是指能够在多个媒体平台上进行内容策划、创作、推广和运营的专业人才。他们不仅精通传统媒体的运作方式，更擅长运用新媒体工具进行信息传播和营销。在这个信息爆炸的时代，全媒体运营师的角色越发重要，他们不仅是信息的传播者，更是品牌与消费者之间的桥梁。

选择全媒体运营师作为副业，有着诸多优势。

首先，它打破了时间和空间的限制。无论你身处何地，只要有互联网连接，就能开展工作。这对于想要兼顾家庭和事业的人来说，无疑是一个极具吸引力的选择。

其次，全媒体运营师的收入潜力巨大。随着粉丝经济的兴起和广告投放的精准化，优秀的全媒体运营师往往能够获得可观的收入。

最后，这一副业还提供了广阔的个人成长空间。在不断变化的市场环境中，全媒体运营师需要不断学习和创新，以保持竞争力。这种持续的学习过程，不仅能够提升个人技能，还有助于培养跨领域的综合能力。

当然，成为一名成功的全媒体运营师并非毫无要求。它要求从业者具备敏锐的市场洞察力、扎实的媒体运营知识、出色的内容创作能力以及良好的沟通协调能力。此外，持续的学习和实践也是必不可少的。毕竟，在这个日新月异的时代，只有不断适应变化，才能在激烈的竞争中脱颖而出。

在接下来的章节中，我们将深入探讨如何从零开始打造全媒体运营师这一副业。我们将通过案例分析、实战技巧分享等方式，帮助大家全面了解这一职业，并且提供切实可行的操作指南。

无论你是宝妈、职场新人还是资深人士，无论你是想要增加收入还是寻求职业转型，全媒体运营师这一副业都将成为你实现目标的有力武器。在这个充满机遇与挑战的时代，让我们一起探索全媒体运营的无限可能，共同开启一段崭新的副业旅程。

普通人易上手的副业从运营开始

第一节

一、为什么选择运营作为副业切入点

在当今社会，越来越多的人开始寻找副业以增加收入、丰富生活体验或探索个人潜能。做副业不仅是一种经济行为，更是一种生活方式的选择，它让人们在主业之外找到了实现自我价值的新途径。然而，面对五花八门的副业选项，许多人往往感到无从下手，不知从何开始。其实，对大多数人而言，运营是个最易上手的副业选择。

1. 为什么选择运营作为副业

将运营作为副业是个不错的选择，因为它对专业技能的要求相对较低。与编程、设计等需要一定专业知识的副业不同，运营更侧重于通用的能力，如良好的沟通能力、协调能力和市场敏感度。这些能力我们在日常生活中都能逐渐积累，无须从零开始学起。

此外，将运营作为副业还具有很高的灵活性。它涵盖了多个领域，如社交媒体运营、内容运营、电商运营等，你可以根据自己的兴趣和资源，选择最适合自己的方向。而且，运营工作的时间和地点也相对自由，非常适合作为副业来发展，让你在忙碌的主业之余，也能找到一份属于自己的小事业。

更重要的是，随着互联网的不断发展，运营类副业的市场需求将持续增长。无论企业还是个人品牌，都越来越重视线上运营，这为将运营作为副业提供了丰富的机会。

2. 如何从零开始运营

在进入运营领域的初始阶段，首要任务是清晰界定自己的方向与目标。这意味着你需要明确是专注于社交媒体平台的深度运营，致力于内容创作与广泛分发，还是聚焦于电商平台的产品推广。紧随其后的是设定一系列具体而明确的目标，比如通过精准策略实现粉丝数量的稳步增长，或是激发用户互动，提升活跃度，抑或是设定销售额的量化指标，驱动业务增长。

掌握运营的基础知识是迈向成功的基石。尽管运营的专业门槛相对较低，但深入了解运营策略、熟练掌握各类工具，以及具备数据分析的能力，都是不可或缺的。你可以通过参加在线课程、研读专业图书、分析行业报告等多种途径，系统地学习这些知识。同时，也要保持对行业动态的高度敏感，持续学习，不断充实自己的知识库。

理论学习固然重要，但实践才是检验真理的唯一标准。在掌握了一定的理论知识后，不妨从自己的个人品牌或兴趣项目入手，尝试运营一个微信公众号、小红书账号或抖音账号。在这个过程中，你可能会遇到各种各样的挑战和困难，但正是这些实践中的试错与调整，让你不断积累经验，优化策略，最终形成自己的运营方法论。

运营从来不是一个人的战斗，建立个人社交网络，拓展行业人际关系资源同样至关重要。你要参与线上或线下的运营社群、论坛，与其他人分享经验，交流心得，甚至寻找合作机会。这不仅能够让你更快地成长，还能够为你的运营事业带来意想不到的机遇和助力。

最后，持续优化与创新是运营这个副业持续发展的关键。在这个快速变化的市场环境中，你需要定期分析数据，了解用户反馈，紧跟市场趋势，灵活调整策略。同时，你还要勇于尝试新方法、新技术，保持创新思维，不断为运营工作注入新的活力与创意，才能在激烈的竞争中脱颖而出，实现个人与品牌的共同成长。

举个例子，小张是一名普通的"上班族"，他对摄影有着浓厚的兴趣。他决定将这份热爱转化为副业，开始运营一个摄影主题的微信公众号，分享摄影技巧、摄影作品和行业资讯。起初，小张的文章阅读量有限，但他没有放弃，而是不断学习如何写出更吸引人的内容，如何利用社交媒体推广，以及如何与读者互动。经过几个月的努力，他的公众号逐渐积累了一批忠实粉丝，甚至开始接到广告合作邀请。小张的副业不仅为他带来了额外的收入，更让他找到了产生成就感和实现自我价值的新途径。

总之，运营作为副业，以其相对较低的专业门槛、高度的灵活性和广阔的市场需求，成为普通人寻找副业的一个理想起点。通过不断学习、实践与创新，每个人都有机会在运营领域找到属于自己的舞台，实现个人价值与收入的双重提升。在这个过程中，最重要的是保持热情与耐心，享受每一次尝试与成长的乐趣。

二、全媒体运营师的行业发展现状

有人说："全媒体运营师就是互联网运营。"

有人说："全媒体运营师就是打杂的。"

有人说："全媒体运营师其实是网红幕后推手。"

那么，全媒体运营师到底是一个什么样的职业？自己到底适合不适合，值不值得花点时间去探索呢？接下来，我就给大家详细介绍一下这个行业未来的发展机会具体有哪些，普通人到底怎么变现。只有和大家说清楚来龙去脉，才能帮助大家作出更好的判断。

关于全媒体运营师，官方是这样定义的：综合利用各种媒介技术和渠道，采用数据分析、创意策划等方式，从事对信息进行加工、匹配、分发、传播、反馈等工作的人员。用相对通俗的语言来解释就是，在互联网时代，各个产业、公司等都在通过不同形式的媒体从线上获取流量或用户，这些流量或用户需要有人为他们提供服务。这些围绕流量和用户所做的运营工作，就是全媒体运营师的工作内容。

线上接待用户，也就是我们经常说的"找流量"。拥有自己的流量资源意味着你可以直接销售产品，从而节省大量渠道费用。因为通常情况下，当你寻找渠道合作伙伴来销售产品时，即使销售收益无法确定，也仍需预先支付一定的渠道费用。市场上常见的做法是，公司提供流量资源，而你作为全媒体运营师只负责客户接待工作。例如，教育培训行业、服装零售行业，都是这种模式。

线上管理用户，也就是我们经常说的"搞气氛"。其实这就是线上聊天，相信大家都很熟悉。对于那些在日常生活中不太爱说话、有社交恐惧的人来说，我特别推荐尝试一下运营工作。管理用户的核心在于如何让用户更加喜欢、更加忠于你的品牌和产品。只要你能打字，至少不让一个陌生用户立即删除你，从一定程度上讲就算具备了基本素质。当然，你也可以有更高阶的做法，比如你是某化妆品品牌的运营师，就可以通过插入案例，展示许多有趣的活动让用户对你的品牌留下更好的印象。

线上转化用户，也就是我们经常说的"做成交"。此步骤是前两步的终极目标，只有实现了这一目标，我们之前的努力才不会付诸东流，全媒体运营的商业化才能真正实现。或许有人会提出疑问，这是否意味着我们必须具备销售能力？答案是并非绝对。虽然具备销售技能更为理想，但不擅长销售也无妨。例如，在某些行业，只要我们能做好前两步工作，在销售环节又有专业人士协助，就能大幅提高成功的概率。

这时，有的人可能会产生新的疑问：既然门槛这么低，那从业人员应该有很多。这个行业还有人才需求吗？中研网的一篇文章是这样描述的，数据显示，全媒体运营人才缺口在 300 万人以上，随着互联网技术的发展以及其他因素给经济社会带来的影响，这个缺口还将不断扩大。真正优秀的全媒体运营人才已然成为各个机构争抢的"香饽饽"。

未来的商业一定是线上和线下齐开花的方式，企业肯定需要更多的全媒体运营师。哪怕你不进入企业，选择自己创业，那也要懂全媒体运营，这样成功的概率才能更高。

就目前而言，这个行业尚未形成人才过剩的局面，所以我认为当前还处在行业红利期。大家当然可以选择继续观望或者后期再加入，只是到时候门槛不会像现在这么低了。

新的机遇已来临，我们要么选择做运营，要么"被运营"。

普通人
如何快速
入局
全媒体

第二节

一、全媒体运营的三大要素

全媒体变现要有三大要素——有产品、有流量、有服务，这三大要素构成了一个完整的闭环。优质的产品是变现的基础，充足的流量是变现的动力，而优质的服务是变现的保障。这三者有机结合，才能最大限度地实现全媒体运营的价值和商业成功。在实际操作中，需要不断优化和提升每个环节的质量和效率，以适应不断变化的市场需求和用户期望。

全媒体变现的第一要素是拥有可以出售的优质产品或服务。无论实体商品、虚拟商品还是各类服务，都是变现的基础。产品的质量和独特性决定了市场竞争力和吸引力。一个好的产品不仅能够满足消费者的需求，还能够通过创新和差异化吸引更多的目标受众。

在全媒体运营中，产品的呈现方式也尤为重要。通过优质的内容展示产品的优势和使用场景，可以有效增强用户的购买欲望。例如，利用短视频展示产品的实际使用效果，或者通过直播与受众互动，解答他们的疑问，这些都是极具效果的方式。同时，借助社交媒体平台的多样化功能，可以开展产品评测、用户体验分享等活动，进一步增强产品的可信度和吸引力。

有了优质的产品，接下来需要解决的就是流量问题。流量是全媒体变现的动力源泉，没有足够的流量，再好的产品也很难实现大规模的销售。全媒体平台提供了多种获取流量的途径，包括搜索引擎优化、内容营销、社交媒体推广、广告投放等。

搜索引擎优化是提升自然搜索流量的重要手段，通过关键词布局、内容优化等方式，提高网站或内容在搜索引擎中的排名，从而吸引更多的潜在客户。内容营销则是通过优质、有价值的内容吸引和留住用户，建立品牌的专业形象和用户信任。社交媒体推广可以借助平台的用户，通过互动、分享、评论等方式，迅速扩散品牌影响力。广告投放则是快速精准获取流量的有效手段，尤其在全媒体平台上，精准的广告投放可以实现高效的用户转化。

有了产品和流量，还需要优质的服务来实现转化和用户留存。服务不仅包括销售前的咨询、销售中的指导和推荐，还包括销售后的服务。这些服务环节共同决定了用户的购买体验和满意度，是实现用户转化和长期留存的关键。

在全媒体运营中，服务的形式可以多种多样。例如，通过即时聊天工具提供在线咨询服务，解决用户在购买过程中的疑虑；通过社交媒体与用户保持互动，及时回应他们的反馈和问题；通过定期的内容更新和活动，吸引用户的持续关注和参与。同时，也要建立完善的售后服务体系，包括退换货政策、用户反馈机制等，确保用户在购买后的任何问题都能得到及时、有效的解决。

二、个体如何建立并运营自己的社群

随着社交媒体的发展，社群经济逐渐兴起。全媒体运营师可以通过建立和运营社群，与用户保持长期的互动和沟通，提升用户黏性和忠诚度，还能创造商业价值。那么，如何建立并运营一个自己的社群呢？以下是一个详细的步骤指南，结合通俗易懂的案例，帮助你从零开始打造一个活跃的社群。

1. 明确社群定位和目标

建立社群的第一步是明确其定位和目标。这决定了社群的核心价值和长期发展方向。社群的主题应基于你的兴趣、专业知识和市场需求。例如，如果你热爱摄影，可以创建一个摄影技巧分享的社群；如果你在某个行业有多年经验，可以创建一个行业交流的社群。你需要明确社群希望达到的具体目标，如增加成员数量、提升活跃度、实现商业变现等。这些目标将指导后续的社群运营策略。

举个例子，小张是一个摄影爱好者，他创建了一个名为"光影魔术师"的社群，主要在社群里分享摄影技巧和展示作品。他的目标是在一年内吸引 1000 名摄影爱好者加入这个社群，而且每月至少举办一次线上摄影分享会。

2. 研究目标受众

了解目标受众是成功建立社群的关键。你需要深入了解他们的需求、兴趣和偏好。你可以通过市场调研、问卷调查或社交媒体分析等方式，收集目标受众的信息；根据收集到的信息，绘制出目标受众的用户画像，包括他们的年龄、性别、职业、兴趣等信息。这样，你就能够更精准地定位和推广社群。

举个例子，小张通过社交媒体调查发现，很多摄影爱好者希望有一个平台能分享作品、交流技巧，并得到专业指导。根据收集到的信息，小张确定自己这个社群的目标受众主要是 20 ～ 40 岁的摄影爱好者，他们中有很多人是上班族或学生，对摄影有着浓厚兴趣但缺乏专业指导。

3. 选择社群平台

选择合适的社群平台是建立社群的重要一步。不同的平台有不同的用户群体和运营规则。所以，我们要先评估平台特性，根据社群的主题和目标受众，选择合适的社群平台。常见的社群平台包括微信、QQ、微博、知乎、小红书等。如果你的社群主题是时尚穿搭，那么相比其他平台，小红书可能是一个更好的选择。在选定的平台上创建社群账号，并设置吸引人的社群名称、简介和头像，要注意的是，这些信息需要准确传达社群的主题和价值。

举个例子，小张选择了微信作为他的社群平台，因为微信的用户基数大，且便于组织线上活动。他的社群名称为"光影魔术师"，简介中明确提到这是一个分享摄影技巧和展示作品的社群，头像则是一幅精美的摄影作品。这些很准确地传达了这个社群的功能和定位。

4.招募社群成员

招募成员是社群建立初期的重要任务。你需要吸引一批与社群主题高度相关的种子用户。他们可以是你的朋友、同事或行业内的专家。种子用户的质量和活跃度将直接影响社群的初期氛围。然后，利用社交媒体广告、邀请分享、口碑传播等多种方式，积极推广社群。要注意的是，推广信息要准确传达社群的主题和价值，能够吸引目标受众的注意。

举个例子，小张邀请了他的摄影朋友、同事以及一些在社交媒体上认识的摄影达人作为种子用户。他不仅在社交媒体上发布了社群推广信息，邀请朋友帮忙转发；还制作了一些精美的海报宣传物料，吸引更多人关注。

5. 制定社群规则和内容计划

为了维护社群的秩序和氛围，你需要制定明确的社群规则，明确社群的言行规范、参与方式和活动组织等。例如，你可以规定不得发布广告、不得恶意攻击他人等；然后根据社群的主题和目标受众，规划定期发布的内容计划。内容可以包括专业知识分享、行业动态、话题讨论等。你必须确保内容的质量和多样性，以满足成员的需求和兴趣。

举个例子，小张在社群规则中明确提到，禁止发布任何形式的广告，违者将被移出社群。他还规划了在社群里，要进行每月两次的摄影技巧分享、每周一次的行业动态发布以及不定期的话题讨论。除此之外，他还邀请了一些摄影专家作为嘉宾进行分享。

6. 促进社群互动

社群的互动是保持其活跃度的关键。你需要组织各种互动活动，鼓励成员积极参与。你可以定期在社群中组织互动活动，如问答、投票、分享会等。这可以激发成员的参与热情，增强社群的凝聚力。你还要鼓励成员分享自己的经验、见解和成果。这将有助于丰富社群的内容，提升成员的归属感和认同感。

举个例子，小张在社群里每月组织一次摄影作品分享会，邀请成员展示自己的作品，并进行互评和讨论。他也鼓励成员在社群中分享自己的摄影心得和技巧，并给予一定的奖励。

7. 维护和管理社群

社群的维护和管理是确保其长期发展的关键。你需要密切关注社群的动态和成员的反馈，对于成员的问题和建议，及时给予回应和解决。根据社群的运营情况和成员反馈，持续优化运营策略和内容计划，确保社群能够持续吸引新成员并保持活跃度。

举个例子，小张经常关注社群的聊天记录，及时回答成员的问题，并根据反馈调整社群运营策略。他还根据社群的运营数据，不断调整内容计划和活动组织方式，以确保社群的长期活跃度。

8. 实现社群变现

当你的社群逐渐壮大，成员们对你的内容产生了浓厚的兴趣和信任，你可能会开始思考：如何把这个社群变成一个能够创造经济价值的平台呢？这就是社群变现。对大多数人来说，社群变现并不是遥不可及的事情，只要掌握正确的方法，你也能实现这一目标。

我们要先理解社群变现的本质。社群变现，简单来说，就是把你在社群中积累的影响力和信任转化为金钱。这可以通过多种方式实现，如销售产品、提供服务、收取会员费等。但无论哪种方式，核心都是提供有价值的东西，让成员们愿意为之付费。

我们要探索适合自己的变现方式。如果你在社群中分享了很多专业知识或独特见解，那么你可以考虑开设付费课程或专栏，让成员们更深入地学习，这就是知识付费。当你的社群达到一定规模和影响力时，一些商家可能会找你合作，让你在社群中推广他们的产品。只要这些广告与你的社群主题相关，且不影响成员体验，就可以考虑合作。如果你的社群与某个产品或品牌紧密相关，那么你可以直接在社群中销售这些产品。你也可以设立会员制度，让成员们支付一定的会费来享受更多的特权和服务。

但是，我们在变现过程中还是有很多事情需要注意的。在变现的过程中，最重要的是要保持社群的价值和氛围。不要因为追求利益而损害成员们的体验和信任。无论你选择哪种变现方式，都要确保你提供的内容或产品是有价值的，能够让成员们觉得物有所值。变现的过程中，不要一开始就急于求成，可以先从小规模的变现开始，逐步探索出适合自己的方式。

举个例子，随着"光影魔术师"社群的壮大，小张也开始思考如何变现。他首先开设了付费课程，分享专业的摄影技巧和后期制作知识，受到了社群成员的热烈欢迎。随后，他与摄影器材品牌合作，在社群中推广相关产品，由于广告内容与社群主题高度契合，并未引起成员们的反感。此外，小张还推出了会员制度，会员可以享受一对一指导和优先参与线下摄影活动等特权。通过这些方式，小张的社群不仅为成员提供了价值，也为他自己带来了可观的收入。

总之，社群变现并不是一件遥不可及的事情。只要你有一个有影响力的社群，提供了有价值的内容或服务，并且制定了合适的变现策略，就能实现社群变现。记住，最重要的是保持社群的价值和氛围，让成员们觉得你的社群是一个值得付费加入的平台。

三、个体户、小商家如何通过全媒体运营经营自己的生意

在这个互联网时代，线上获客已经成为各行各业的重要渠道。

然而，对很多小型个体户、小商家来说，线上获客还是一个相对陌生的概念。他们可能有着一手好技艺、好产品，但却因为不懂得如何利用全媒体运营，而错失了大量的潜在客户。那么，作为个体户、小商家，应该如何通过全媒体运营经营自己的小生意呢？

1. 明确目标客户群体

在进行全媒体运营之前，首先需要明确自己的目标客户群体是谁。他们是什么年龄段的人？他们有什么样的消费习惯？他们通常通过哪些渠道获取信息？了解这些信息后，你就能够更加有针对性地选择媒体渠道和制定营销策略。

例如，如果你经营的是一家手工糕点店，那么你的目标客户群体可能主要是年轻人和家庭主妇。这些人可能更喜欢通过社交媒体和美食博主了解新的美食信息。因此，你可以选择在微信公众号、抖音等平台上进行推广，或者与美食博主合作进行产品推广。

2. 利用社交媒体进行品牌推广

社交媒体是全媒体运营中非常重要的一环。通过社交媒体，你可以与潜在客户进行互动、分享产品信息、发布优惠活动等。在选择社交媒体平台时，你需要考虑目标客户群体主要活跃在哪些平台上，并选择适合你的平台进行推广。

例如，如果你经营的是一家服装店，那么你可以选择在微信公众号、小红书、抖音等平台上开设官方账号，并定期发布新品信息、穿搭技巧、优惠活动等。你还可以通过与粉丝互动、举办线上活动等方式提高品牌知名度和客户黏性。

3. 利用电商平台拓展销售渠道

电商平台是线上获客的重要渠道之一。将你的产品或服务上架到电商平台，可以让更多的人了解到你的店铺和产品，并实现线上销售。

例如，你可以将你的手工糕点上架到电商平台，并通过优化产品标题、描述、图片等方式提高产品的曝光率和销售量。你还可以通过参加电商平台的促销活动、打造爆款产品等方式提高店铺的知名度和销售额。

4. 利用自媒体平台进行内容营销

自媒体平台是发布原创内容、吸引潜在客户的重要渠道。通过自媒体平台，你可以发布与你的产品和服务相关的文章、视频等内容，吸引潜在客户的关注和兴趣。

例如，如果你经营的是一家花店，那么你可以在微信公众号上发布关于花卉养护、花艺设计等方面的文章和视频，吸引潜在客户的关注和兴趣。你还可以通过与自媒体平台合作进行内容推广，扩大你的品牌影响力和客户群体。

5. 通过全媒体运营提高产品复购率

产品复购率是指顾客在购买某产品之后，再次购买同一产品或品牌的比例。这个指标可以帮助我们了解顾客对产品的满意度以及他们对品牌的忠诚度。换句话说，复购率越高，说明顾客越喜欢你的产品，并且愿意多次购买。因此，提高产品复购率就显得尤为重要。

第一，要提升用户活跃度。提升活跃度的关键在于用户在购买产品后能否持续使用，这种持续使用是用户复购的重要前提，因为它彰显了用户对产品价值的认可和信心。为了保证用户持续活跃，首要任务是持续输出优质内容，这些内容应紧密围绕用户的兴趣与需求，形式不拘一格，无论文章、视频、图片还是音频，都能有效吸引用户频繁访问与互动。此外，增强平台的互动与社交功能同样重要，它鼓励用户间的点赞、评论与分享，不仅提升了用户的活跃度，还构建了用户间的交流与社区氛围，从而增强了用户黏性。再者，实施有效的激励机制，如积分、奖励、优惠券等，能够促使用户更积极地参与活动，进一步提升活跃度和忠诚度。最后，建立情感连接与品牌认同也是不可或缺的一环，通过讲述品牌故事、传播品牌文化，让用户感受到品牌的独特魅力与价值观，从而培养起对品牌的深厚情感与忠诚。

第二，我们需要进行细致的用户分层工作。 具体来说，我们要识别那些对我们的产品或服务表现出较高复购意向的用户，并针对这一群体提供更加周到的服务和更多的福利赠送。通过对这些用户的深入了解和分析，我们可以更好地满足他们的需求，从而增强他们的忠诚度和提高购买频率。这样，我们不仅能够提升用户的满意度，还能进一步推动销售业绩的增长。

第三，我们要学会产品效果外化。 效果外化是一种将产品或服务的实际效果直观展示给潜在用户的策略，旨在打破用户对产品认知的壁垒，通过具体化的方式展现产品的好处和用户体验，从而增强消费者的购买欲望和信任感。在市场营销和用户体验设计中，效果外化尤为重要，尤其在面对抽象或复杂的产品时。实现产品效果外化的方法多种多样，其中用户案例和见证是重要的一环，通过用户的实际体验和真实反馈，如用户故事、使用前后的对比照片和视频等，直观展示产品效果。此外，视频演示也是一种有效手段，通过视频展示产品的使用过程和效果，帮助用户建立更直观的了解和信任。最后，提供免费试用或样品让用户亲身体验产品效果，也是提升转化率和增强购买意愿的有效方法。

让我们来看一个成功的全媒体运营案例。

小张是一家手工皮具店的老板。在过去，他主要依靠线下门店和口碑传播获取客户。然而，随着线上购物的兴起，他意识到线上获客的重要性。于是，他开始尝试全媒体运营。

首先，他在微信公众号平台上开设了官方账号，并定期发布关于皮具制作、保养等方面的文章和视频。他还与一些时尚博主合作进行产品推广。通过这些努力，他的店铺逐渐在网络上获得了一定的知名度。

接着，他在淘宝平台上开设了网店，并将店铺的产品上架到电商平台上进行销售。他还参加了淘宝的促销活动，成功打造了几款爆款产品，他的店铺销售额逐渐增长。

然后，他开始在抖音等社交媒体平台上进行推广。他发布了一些关于皮具制作过程的短视频，并邀请了一些博主进行产品体验和推广。通过这些努力，他的店铺在社交媒体上也获得了大量的关注和粉丝。

最后，小张不仅注重新客户的拓展，也深谙维护老客户之道。他精心策划了一场"老客户回馈月"活动，邀请会员们参与定制皮具的特别体验。客户不仅能亲自参与设计，还能享受限时折扣和定制礼遇。这次活动不仅加深了客户与品牌的情感连接，也让更多人愿意再次光顾，甚至主动将小张的店铺分享给亲朋好友，产品复购率因此显著提升。

通过全媒体运营的努力，小张的手工皮具店逐渐在网络上具备了知名度，并实现了线上线下的双重增长。他的成功案例告诉我们：即使是一个小型个体户或小商家，也可以通过全媒体运营经营好自己的生意。

总之，对个体户、小商家来说，全媒体运营是一个重要的机遇。通过明确目标客户群体、利用社交媒体进行品牌推广、利用搜索引擎进行精准营销、利用电商平台拓展销售渠道以及利用自媒体平台进行内容营销等策略，你可以逐渐在网络上提高知名度，并吸引更多的潜在客户。但是，全媒体运营不是一蹴而就的过程，它需要持续的投入和努力。只要你坚持下去，就一定能够收获满满！

万物皆可运营的时代已到来

第三节

一、人人都需布局的全媒体运营时代真的来了

在当今这个瞬息万变的数字时代，信息的传播方式正经历着前所未有的变革。随着互联网的迅猛发展，新媒体平台如雨后春笋般涌现，内容的创作、传播与消费模式也发生了深刻的变化。在这个大背景下，全媒体运营师这一新兴职业应运而生，并逐渐成为人人皆可参与、人人皆需布局的新领域。

全媒体运营师不仅需要精通文字、图片、视频等多种内容形式，还要熟悉各类社交媒体平台的特性与算法机制，能够根据不同平台的用户画像制定内容策略，实现精准触达与高效转化。这种跨界的综合能力，使得全媒体运营师成为连接内容与受众、创造价值与机遇的关键桥梁。这是一个人人都需布局的全媒体运营时代。

从个人发展的角度看，全媒体运营技能的提升可以为个人职业转型或寻求副业收入提供新的可能。在全职工作之外，越来越多的人开始探索基于兴趣与热情的副业发展路径，而全媒体运营正是这样一个充满机遇的领域。它不受时间、地点的限制，只需要一台电脑或一部手机，就可以随时随地开展工作。

从企业发展的角度看，全媒体运营也是品牌建设与市场推广的

必备技能。在竞争激烈的市场环境中，企业需要通过多渠道、多平台的内容传播增强品牌知名度与用户黏性。而全媒体运营师正是能够帮助企业实现这一目标的战略伙伴。他们能够通过精准的内容定位与创意策划，打造具有吸引力的品牌形象，并通过分析数据与优化策略不断提升传播效果。

从社会文化的角度看，全媒体运营也在推动着社会文化的传播与发展。在这个信息爆炸的时代，人们需要更加专业、更加有深度的内容来引领思潮、启迪智慧。全媒体运营师正是文化的传播者与创造者，他们通过自己的努力与才华，为社会的文化繁荣贡献着力量。

当然，全媒体运营时代的到来也伴随着挑战。对从业者来说，他们需要不断适应快速变化的媒体环境，持续学习最新的营销工具与技术，保持对热点趋势的敏锐感知。同时，他们还需要在保障内容质量与创意的同时，遵循法律法规，维护良好的网络生态。

人人都需布局的全媒体运营时代已经到来。无论个人还是企业，都需要认识到这一趋势的重要性，并积极投身于这个充满机遇与挑战的新领域。通过不断学习与实践，我们可以掌握全媒体运营的核心技能与策略思维，在这个数字时代中乘风破浪，实现自我价值与社会价值的双重提升。

二、帆书的全媒体布局的路线

说到全媒体运营布局，不得不提的就是樊登老师和他的公司——帆书，当然，它也是我所就职的公司。帆书从 1000 个铁杆用户发展到现在 7200 万的用户规模，在这个过程中，全媒体运营发挥着巨大的作用。甚至可以说，没有全媒体运营，就没有帆书的今天。

1. 帆书的全媒体运营起步

帆书的起步并不容易，最初只有 1000 个通过微信群学习的铁杆用户。为了扩大影响力，帆书决定利用全媒体平台进行全面布局。樊登老师作为公司的创始人，充分认识到全媒体运营的重要性，开始在多个平台上进行内容创作和传播。

帆书最早通过微信公众号进行内容发布和用户互动。樊登老师定期在公众号上分享读书心得和进行图书推荐，逐渐吸引了一批对阅读感兴趣的用户。通过优质的内容和专业的解读，公众号的关注人数不断增加，为帆书打下了坚实的用户基础。

随着短视频平台的兴起，樊登老师和帆书团队迅速抓住机会，在抖音和快手等平台上开设账号，发布读书相关的短视频，吸引了大量用户的关注。

比如，我们会用一分钟的时间介绍一本书的精华内容，既生动又有趣，极大地提升了用户的阅读兴趣。一段关于《如何高效学习》的视频，通过展示书中的学习方法，结合学生的实际案例，吸引了上百万用户的观看和点赞。

在微博和小红书上，帆书也进行了积极的内容运营。在微博上，我们会发布简短的读书感悟和图书推荐，并结合时事热点，吸引大量用户的关注。在小红书上，我们发布详细的图书解读和读书心得，结合美图和视频，吸引了大量女性用户的关注。

例如，我们结合当时的热门话题"如何应对职场压力"，推荐了一本图书，并分享了书中的具体方法和案例，受到了用户的热烈欢迎。

帆书还通过微信社群与用户建立了紧密联系。我们每个社群都有专人管理，定期组织读书活动和相关讨论，增强了用户的参与感和归属感。

比如，我们有一个以职场人士为主的社群，每周都会组织一次线上读书会，讨论与职场相关的图书。这些互动不仅提高了用户的忠诚度，还通过口碑传播吸引了更多的新用户。

樊登老师本人也一直保持着每天写朋友圈的习惯，坚持笔耕不辍 11 年，和他推广阅读的时间跨度一致。即使没看过他的朋友圈，你也一定看过他的文案。他每看一本书，就会写一条朋友圈，看到此类朋友圈的员工和代理机构也会同步复制他的朋友圈文案，以此完成下一次影响力的扩展，这也是我们运营的积累。11 年的朋友圈运营，让樊登老师变成了家喻户晓的阅读推广大使。

2. 全媒体运营的策略与执行

帆书的成功离不开一系列精细化的全媒体运营策略，我们在不同平台上根据平台特点和用户需求制订了具体的运营方案。

帆书注重内容的创作与分发。除了微信公众号和短视频平台，我们还在微博、哔哩哔哩、小红书等平台上进行内容发布。不同平台的用户群体和内容形式各不相同，因此，樊登老师和帆书团队针对不同平台采用了不同的内容策略。例如，在微博上，我们会发布简短的读书感悟和推荐，在哔哩哔哩上则会上传长视频的图书解读和讲座。

用户互动是帆书全媒体运营的重要环节。我们在各个平台都与用户保持紧密联系，及时回应用户的评论和私信，建立起了良好的用户关系。

帆书注重数据分析。我们使用数据分析工具监测各个平台的内容表现和用户反馈，根据数据结果调整内容和推广策略。例如，通过分析用户的阅读和观看习惯，优化内容发布的时间和频率，提高用户的活跃度和参与度。

3. 全媒体运营带来的成果

通过全媒体运营，帆书取得了显著的成果。从最初的 1000 个铁杆微信群学习用户，发展到现在拥有 7200 万用户，帆书实现了爆发式增长。这些成果的取得离不开全媒体运营的支持。

全媒体运营帮助帆书迅速扩大了用户规模。通过多平台的内容发布和推广，我们吸引了大量对读书感兴趣的用户。尤其是短视频平台的崛起，为帆书带来了大量年轻用户，极大地扩展了用户群体。

帆书通过全媒体平台的综合运营，不仅提升了用户规模，还大大提高了品牌知名度。樊登老师作为公司的代表，通过各类媒体和平台的曝光，成为公众熟知的阅读推广大使。帆书的品牌形象也因此更加深入人心。

全媒体运营为帆书带来了多样化的商业模式。我们不仅通过会员订阅获得稳定的收入，还通过广告合作、知识付费等方式实现了多渠道变现。例如，帆书推出了付费会员服务，会员可以享受更多的优质内容和专属活动，极大地提升了用户的付费意愿和忠诚度。

樊登老师和帆书的成功案例充分展示了全媒体运营对个人和企业的双引擎作用。这一案例也为大家提供了宝贵的经验，展示了全媒体运营的巨大潜力和广阔前景。未来，随着全媒体运营的不断发展和创新，帆书必将在读书领域取得更加辉煌的成就。

三、全媒体运营案例①

案例一：收入 10 倍增长的小店老板

学员段段在唐山蔬菜基地附近经营一家熟食凉菜店，每份售价定为 3 元。她的主要顾客群体是在蔬菜基地工作的工人。然而，她的生意始终未能实现盈利。进入 2023 年，段段决定调整经营策略，租了一个店面，开始为工人们提供经济实惠的套餐，每份套餐的价格依旧定为 3 元。经过一年的持续努力，她的年收入勉强达到 3 万元。

在学习了全媒体运营师课程后，段段掌握了经营朋友圈的技

---

① 本书中所举的学员案例均已获得本人授权，涉及的相关课程的学习效果和所获收益等亦取决于学员的个人努力。书中内容非学习效果保证。

巧。她开始有针对性地发布内容，包括情感化的文案、使用的食材、制作过程以及热闹的场景。2024 年 5 月，她发布的一条朋友圈获得了大量点赞，套餐的销售量激增，甚至超过了3000 份，以至于她忙于制作食物，无暇顾及朋友圈的经营。

她将所学的调研用户需求和提高产品复购率的方法应用于日常经营。例如，在学习课程之前，她并不注重了解顾客的反馈，而学习之后，她开始主动询问工人对饭菜的满意度，并与他们进行交流。这使得许多工人主动添加了她的微信，并表示饭菜很合口味，愿意下次继续订购。

接下来，段段计划拓展业务。随着"工人饭"的热潮即将消退，她打算在淡季期间尝试运营视频号，通过发布短视频吸引关注，在下一次农忙季节到来时增加订单。此外，她还计划进入公域市场，教他人如何制作"工人饭"。为了优化营销策略，她将进行新的尝试，比如以 1 元的价格吸引新顾客首次购买，以及定期推出新产品以测试客户的复购率。

案例二：南京某烤鸭店的线上销售

南京某县城有一家餐馆，北京烤鸭是这家店的特色。庆飞是这家餐馆的老板，已经经营这家店 15 年了。由于地理位置不佳和近年来餐饮行业竞争的加剧，庆飞决定转战线上市场，寻找新的发展机遇。

在探索线上机会的过程中，庆飞了解到直播带货的潜力，并决定尝试开设烤鸭店的直播账号进行销售（如图2-1所示）。然而，起初几场直播的效果并未如预期般理想，他面临着如何增加直播间受众停留时间、如何将公域流量有效转化为私域流量等挑战。为了改善这一状况，庆飞选择学习全媒体运营，希望通过系统学习完善自己的经营策略。

图2-1 庆飞开设新媒体账号

在学习期间，尽管工作繁忙，庆飞却始终保持着高度的积极性和学习热情。对于课程中难以理解的部分，他会反复学习，直到完全掌握；对于实战练习，他更是积极投入，不断尝试和改进。他的这种努力和上进，为他的成功奠定了坚实的基础。

经过一段时间的学习和实践，庆飞在直播运营和用户运营方面取得了显著的进步。他学会了许多创新的营销策略和运营思路，对公域和私域流量的理解也更加深入。在此基础上，他为自己的店铺开通了抖音团购业务，并亲自上阵进行直播销售。截至目前，庆飞已经成功进行了35场直播活动，取得了超过10万元的变现成绩，为烤鸭店带来了新的生机和活力（如图2-2所示）。

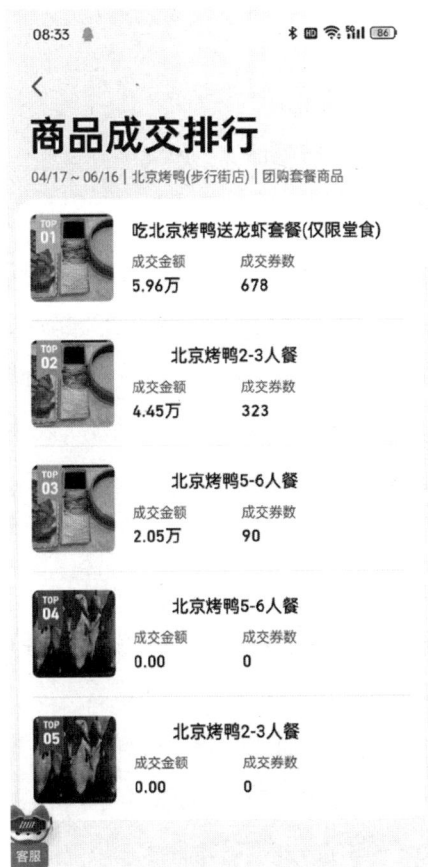

图2-2 庆飞为店铺开通抖音团购服务

案例三：面向少儿、艺考的画室通过社群运营变现

春燕，一位在美术培训行业默默耕耘了 25 年的资深人士，凭借自己对艺术教育的热爱和执着，开设了一家画室。这家画室不仅吸引了充满好奇心的小朋友，还吸引了那些怀揣艺术梦想、准备艺考的学生，以及那些希望在业余时间培养兴趣、提升自我的成人学员。她的画室成为艺术爱好者们学习和交流的港湾。

在这片艺术氛围浓厚的土地上，春燕的画室在艺考培训领域已经建立了良好的口碑，成为许多艺术考生的首选。她以专业的教学质量和对学生个性化的关注，赢得了家长和学生的信任，因此画室拥有了稳定的客源基础。然而，春燕却时常感到一种难以名状的焦虑——客源虽然稳定，但似乎停滞不前，缺乏新鲜血液的注入。老客户们的支持固然可贵，但他们并非总是选择续费，这种局面让她对未来的发展充满了不确定感。

在一次偶然的机会下，春燕报名参加了全媒体运营师的课程，这为她打开了一个全新的世界。她开始意识到，除了传统的线下教学，还可以通过组建社群提升画室的影响力。于是，春燕开始着手建立画室的社群，将学员们紧密地联系在一起。在这个社群中，她不仅分享了丰富的绘画技巧和课程信息，还

定期举办线上交流会和绘画挑战活动，让学员们在轻松愉快的氛围中相互学习、相互激励。春燕的这些努力逐渐显现成效。学员们在社群中找到了志同道合的朋友，他们开始主动分享自己的作品，互相点评，共同进步。这种积极的互动不仅增强了学员之间的联系，也让画室的口碑在学员的社交圈中传播开来。春燕惊喜地发现，通过社群的运营，越来越多的潜在客户开始对画室产生兴趣，他们中的许多人最终成为画室的新学员。画室的业务因此得到了进一步的拓展，春燕的焦虑也随之烟消云散，取而代之的是对未来的满满信心和期待。

案例四：以 100% 的努力面对全媒体工作

子渌，作为首期全媒体运营实操训练营的学员，自 2008 年起涉足实体创业领域，曾开设品牌服装店，加盟小吃连锁店，取得了年入百万的佳绩。在成功面前，他也不免心生膨胀。2018 年，他投资了一个大型配餐中心，却遭受了巨大的经济损失。正是在这个转折点上，他接触到了抖音平台。起初，他仅是在抖音平台记录孩子的日常，却意外地获得了百万级别的播放量，这让他感到非常有趣。但经过深思熟虑后，他意识到自己无法做到将流量变现，应该系统地学习短视频和直播课程，于是报名参加了帆书的训练营。在学习期间，子渌在学习群里异常活跃，共发布了 2300 多条信息，是名副其实的积极参与者。结营时，他被评为"优秀班委"，这让他与帆书建立了更紧密的联系。全媒体运营实操训练营毕业后一个月，他便担任了训练营的班主任一职。他将学习到的用户运营方法和社群运营技能应用于实践，将不满意的学员转化为满意学员，有效提升了用户满意度。同时，他不断自我提升，将全媒体运营的知识融会贯通，帮助超过 1300 名学员成功找到商业定位，获得了学员们 100% 的好评。

3

触手可及的副业之选：本地生活达人

本章作者：朱金璘

随着数字化生活方式的普及，本地生活服务行业迎来了新的发展机遇。用户消费习惯的演变，特别是对即时性、个性化和体验化服务的追求，推动了本地生活服务的多样化和创新。互联网平台，如抖音、美团等，作为连接商家与消费者的重要桥梁，不仅改变了用户获取信息和服务的方式，也为商家提供了高效的推广渠道。

本地生活服务的发展，体现在用户对本地消费的注重，以及对节省时间、提高效率的需求。同时，本地生活服务的兴起为个人和商家提供了新的机遇。无论通过分享本地特色内容吸引关注，还是推出特色套餐和优惠活动，商家都能借助新媒体平台提高知名度，吸引顾客消费。个人则可以通过记录和分享本地生活体验，利用影响力获得收益。

抖音等平台的崛起，为本地生活服务提供了充足的流量和曝光机会。这些平台的智能推荐系统和用户黏性，使得本地商家能够更精准地触达潜在顾客，实现更高的转化率。此外，与传统广告相比，团购等模式降低了商家的获客成本，同时为内容创作者提供了赚取佣金的机会。

本地生活服务行业的快速发展，不仅为用户带来了便利，也为商家和个人提供了新的利益增长点。随着市场的不断成熟，抓住这波红利，无论对实体小店还是内容创作者来说，都意味着巨大的商业机会。

本地生活的新市场、新趋势

第一节

一、悄然改变的用户消费习惯

1. 数字化生活方式的普及

随着互联网和智能设备的普及，如今的消费者能够随时随地获取更多的信息和服务。

无论在家里、公交车上、地铁上，还是在公园里，只需要拿出手机，就能够轻松地浏览网页、观看短视频和直播、购买商品，甚至可以通过手机 App 订餐、购买门票、预约家政等。新的数字化生活方式已经深深地融入人们的日常生活，用户的消费习惯正在悄然发生变化。

各类互联网平台，如抖音、美团、大众点评、饿了么等，已经成为连接本地实体商家与消费者的重要桥梁。通过这些平台，大家不仅可以分享自己的消费体验，还可以通过他人的评价和推荐，挑选出本地优质的吃喝玩乐服务。这种信息共享和互动模式，大大加速了数字化生活方式的普及。

2. 本地消费需求的增长

近几年，用户更加注重本地消费，希望能够就近享受优质的商品和服务。不仅是北京、上海、广州、深圳这类大城市，三四线城市的居民对本地生活服务的需求也日益增加。

从餐饮、购物到娱乐、健身、美容、宠物等，大家希望在家就能了解自己附近的门店，出门就能享受高质量的生活服务。而且随着人们的生活节奏越来越快，时间已经成为一种宝贵的资源。因此，能够节省时间、提高效率的本地生活服务备受青睐，极大地方便了我们的日常生活。

从消费者的角度看，以小李为例，他是一名白领，工作繁忙的他总是很难抽出时间去市中心的健身房。最近，他通过刷短视频发现家附近开了一家24小时营业的健身房，不仅设备齐全，还有特别优惠的套餐价格。小李立刻就在平台上下单了，下班后直接去这家健身房核销，完成消费，整个流程方便又高效。

从商家的角度看，以百果园为例，它最初主要经营实体水果店，这些店铺的顾客主要是周边居民和偶然路过的行人。然而，随着百果园在抖音上开设了线上店铺，它实现了显著的增长：拥有8000万会员、700万月活跃用户和超过2000万的年活跃用户；全国超过6000家门店开设了账号；发布的短视频数量超过100万条，在抖音上实现了年销售额2.4亿元的团购业绩，成为"抖音本地生活水果类目"的领头羊。百果园主要是商品到店兑换券，顾客在抖音平台上看到确定性的商品和价格，所见即所得，购买后到门店核销，在门店可以体验免费洗切等线下特色服务，形成一个线上种草购买，线下体验履约的闭环。

如今的本地生活服务正在不断进步，已逐渐满足了大家日益增长和多样化的需求。

除了上面说的本地生活服务，旅游相关的吃喝玩乐消费需求也增长得尤为明显。2024年5月6日，中华人民共和国文化和旅游部发布了《2024年"五一"假期文化和旅游市场情况》："据文化和旅游部数据中心测算，全国国内旅游出游合计2.95亿人次，同比增长7.6%，按可比口径较2019年同期增长28.2%；国内游客出游总花费1668.9亿元，同比增长12.7%，按可比口径较2019年同期增长13.5%。……随着航线恢复、入境便利化措施的落地以及互免签证国家数量的增多，入出境旅游快速恢复。文化和旅游部数据中心客流大数据监测显示，'五一'假期入出境游客合计达367.2万人次，其中入境游客177.5万人次，出境游客189.7万人次。"

这种趋势不仅能促进本地经济发展，还能为本地生活赛道的达人和商家带来前所未有的机遇。

爱好吃喝玩乐的个人可以通过记录和分享本地特色景点、住宿体验、美食探店，分享本地的文化、历史、风俗等内容，吸引用户的关注。他们可以利用自己的影响力和口碑，让更多的人了解本地的风土人情，也可以通过大量曝光和流量热度获得佣金收入。

本地餐馆和民宿商家可以推出特色套餐和优惠活动，吸引更多的游客；可以借助新媒体平台的推广，提高自己的知名度和美誉度，吸引更多的游客前来消费，让自己的生意更加红火。

3. 个性化和体验化消费

用户越来越追求消费的个性化和体验化，这也推动了本地生活服务的兴起。

比如定制化服务越来越受欢迎。从定制化餐饮、个性化旅游路线到私人定制的家政服务，个性化服务成为吸引消费者的重要因素。商家和平台通过大数据和用户画像，能够精准捕捉消费者的需求，提供量身定制的服务方案。

在各个新媒体平台上，与餐饮、酒店、旅游相关的团购种草视频、广告、直播间数量都在高速增长。很多达人和商家都通过平台短视频和直播进行销售，获得不少收入。用户刷抖音大多是出于娱乐目的，用户会因为内容有趣，就直接下单预订视频中提到的餐厅或酒店。在娱乐过程中发现心仪商品并完成购买，是一件顺理成章的事情。

在当今社会，消费者在选择产品和服务时，越来越倾向于追求一种全面的体验。体验经济的概念已经深入人心，消费者在做购买决策时，不再仅仅关注产品的功能和价格，也更加注重消费过程中的愉悦感、满足感以及与产品或服务相关的独特体验。这种转变意味着，无论是高端餐厅提供的精致美食体验，还是主题公园带来的刺激与欢乐，消费者都期望通过这些消费活动获得情感上的共鸣和心理上的满足。

这种对体验的追求，不仅体现在对物质产品的需求上，更体现在对服务和环境的期待上。消费者希望在享受服务的过程中，能够感受到个性化的关怀和尊重，希望环境能够提供一种独特的氛围，让整个消费过程成为一段难忘的记忆。因此，本地生活服务行业为了满足消费者日益增长的体验需求，不断进行创新和升级，从服务方式到环境布置，从技术应用到人员培训，每一个环节都在努力提升消费者的体验质量。

这种趋势不仅为消费者带来了更多的选择和更好的体验，也为商家提供了新的增长点和竞争优势。在体验经济的浪潮中，那些能够深刻理解并有效满足消费者体验需求的商家，将更有可能在激烈的市场竞争中脱颖而出，赢得消费者的青睐。用户消费习惯的变化深刻影响了本地生活赛道的发展。

数字化生活方式的普及、本地消费需求的增长以及个性化和体验化消费的兴起，不仅推动了本地生活服务行业的快速发展，也为身处赛道中的个人和商家带来了新的机遇和挑战。

二、抖音等平台的市场崛起与竞争

1. 本地流量红利是怎么回事

本地生活服务是将当地线下具有实体店铺性质的餐饮、生活服务、休闲娱乐等商家服务信息以网店的方式呈现给用户。各种本地生活服务的平台，帮助用户看到自己所在地的商户，给用户提供便捷全面的商户信息，给线下的商户提供高效的推广渠道。各大平台纷纷推出针对本地生活的扶持政策和激励措施，竞争异常激烈。这也推动了本地生活服务的多样化和创新。

近年来，随着新媒体的飞速发展，抖音、美团等平台在本地生活赛道迅速崛起，展现出强大的市场竞争力。这些平台不仅改变了用户获取信息和服务的方式，改变了用户的消费习惯，还为本地生活服务提供了大量的流量和曝光机会，同时也给个人与商家带来了全新的发展机遇。

从过去十年看，本地生活平台基本呈现出"一超多强"的格局。很多商家的首选是美团，它确实非常厉害，整体的战略规划能力特别强，执行力也很强。过去依靠各种红利和补贴，打赢了"千团大战①"，让大家到现在一度以为本地生活只能用美团。

但是美团平台也有弱点，因为它还是一个非常传统的本地生活平台，用互联网的术语来说，它更像是一种工具属性强以及有货架、电商属性的本地生活平台，相当于本地生活中的"淘宝"。用户打开它的次数其实不是特别多，但每次打开它的目的性很强，使用的时长也不是特别长，一般完成交易后就退出了，不需要再做停留。

举个例子，你什么时候会打开美团？是不是思考点什么外卖的时候，或者在做旅游规划，需要订房间的时候？你可能会打开美团搜索一下，然后点好外卖或者订好房间。大家几乎都不会在闲暇之余去逛一逛美团。所以美团最大的特点是用完即走，它很多时候是等待用户主动搜索然后完成转化。但是现在，抖音开始做本地生活，它与美团有一定的区别。

第一，抖音拥有更大的流量和更强的用户黏性。用户打开抖音的频率以及每次使用的时长都相当可观。想象一下，即便频繁使用美团订餐，大多数人每天也不过是订3次外卖，即一天打开3次应用。相比之下，大多数用户每天打开抖音的次数显然超过了3次。

① 2010年前后，国内"团购"新赛道涌入5500多家企业，形成了"千团大战"的激烈场面。

第二，抖音有自己的智能推荐和精准推送系统。现在商家入驻抖音本地生活服务后，可以通过发布视频展示自家的特色与优势。抖音平台凭借其强大的推荐系统，智能分析商家发布的视频内容，并精准推送至商家线下位置 5 千米内的目标用户群体。这一过程不仅基于地理位置的匹配，更结合了抖音平台的大数据智能推算，能够深度挖掘用户的兴趣和需求，将商家的视频内容有效地传达给那些可能对其店铺和商品感兴趣的潜在顾客。通过这种方式，商家不再是被动地等待顾客上门，而是能够主动出击，让店铺和商品直接找到潜在用户。想象一下，你是实体商家，你的产品或服务直接展现在数亿用户的指尖下，通过强大的算法支持，将本地团购信息精准推送到对它感兴趣的用户面前，这意味着你的品牌曝光率瞬间飙升，顾客上门将不再是难题。

第三，用户在浏览抖音时极易受到软性营销的影响。抖音的核心特色在于其"内容"。由于用户在抖音平台上习惯于不断滑动浏览视频，当优质内容出现时，他们不会将其视为硬性广告，而是容易被这些精彩的短视频内容吸引，进而产生购买欲望。每一次成功的团购交易，都是对品牌的一次积极推广。优质的服务或产品，结合社交属性，能够激发用户主动分享，从而形成口碑效应。随着好评如潮，品牌的影响力自然会提升。

比如我在晚上刷抖音时，刷到了麦当劳的本地团购直播间，主播正在推荐一个很适合我、搭配很诱人、性价比很高的套餐。我当即下单，之后经过麦当劳的时候再去核销就可以了。

再举个例子，以往我们想出去玩，可能要先在一个平台上看测评，然后去另一个平台买优惠券和门票。但现在，我们在抖音上刷短视频的时候，不仅把景点、美食等测评视频看了，还能顺便把门票买了。

第四，关于一些广告成本效益的问题。对商家而言，传统广告往往伴随着昂贵的费用，团购模式则采取了佣金制，避免了大规模的前期投资。通过提供吸引人的团购优惠，商家能够迅速增加销量，并显著降低获客成本，从而实现利润的最大化。对商家来说，这无疑是极具吸引力的。同时，那些帮助商家推广团购的个人，也能在享受吃喝玩乐的同时赚取额外收入，对这些达人而言，这同样是一个双赢的选择。

我们来举几个例子帮助大家更好地理解本地生活。

案例一：本地餐饮店的成功推广

一家位于成都市的火锅店，通过抖音进行本地化推广，成功实现营业额的大幅提升。

他们精心策划了一系列短视频，每一帧都流淌着火锅的热烈与诱人。视频中，火锅的制作过程被细腻地呈现出来，那翻滚的汤底、跳跃的辣椒、新鲜的食材，无一不在挑逗着受众的味蕾。更令人动容的是，视频中穿插了顾客们真实而满足的用餐体验，他们的笑容洋溢、赞不绝口，隔着屏幕都能感受到那份幸福与满足。

为了让这些视频更加精准地触达本地用户，火锅店充分利用了抖音的地理定位功能和平台推荐机制。这些精心制作的视频迅速在成都市内传播开来，如同一股温暖的春风，吹遍了城市的每一个角落。人们被视频中的美食和氛围吸引，纷纷点赞、评论、转发，形成了一股强大的口碑效应。

随着视频的广泛传播，越来越多的本地用户被吸引到这家火锅店。他们带着好奇与期待，纷纷前来打卡体验。店内独特的装饰风格、热闹的氛围以及那令人难以忘怀的火锅味道，都让他们流连忘返。一时间，这家火锅店成了成都市内的热门打卡地点，人气爆棚。

最令人振奋的是，这一切努力都转化成了实实在在的成果。在短时间内，火锅店的营业额实现了大幅提升。这不仅验证了通过抖音进行本地化推广的有效性和成功，更为火锅店未来的发展注入了强大的信心和动力。他们相信，只要继续用心做好美食和服务，就一定能够吸引更多的顾客前来品尝和体验。

案例二：本地景点的宣传推广

在风景如画的浙江省，有这样一个旅游景点，它巧妙地借助了本地达人的力量，在抖音平台上展开了别开生面的宣传推广。通过与这些深谙本土文化、擅长捕捉美好瞬间的达人合作，景点精心制作并发布了一系列引人入胜的视频。这些视频不仅将景点的自然风光展现得淋漓尽致，还融入了游客的真实反馈与热情推荐，使得内容更加鲜活、可信，瞬间抓住了广大网友的眼球。

视频在抖音平台上迅速走红，同时也在各大社交媒体上广泛传播开来。网友们纷纷点赞、转发，讨论热烈，为这个景点赢得了前所未有的关注度和讨论热度。一时间，这个景点享誉全国，成为人们口中的热门话题。

当旅游旺季来临之际，这些精心策划的宣传视频更是发挥了巨大的作用，吸引了大量游客慕名而来，使得景点的门票销量节节攀升，人气达到前所未有的高度。游客们带着对美好景色的无限憧憬踏上这片土地，他们的实际体验也与视频中的描述不谋而合，甚至超出预期。

最终，这些成功的宣传推广不仅为景点带来了可观的经济效益，更重要的是，它极大地提升了游客的满意度。游客们在这里留下了美好的回忆，成为景点最忠实的传播者和推荐者。而这个位于浙江省的旅游景点，也因此在激烈的市场竞争中脱颖而出，成为人们心中不可多得的旅游胜地。

案例三：广州美食达人的成功案例

在广州，有一位美食达人通过抖音平台，以探店视频的形式分享着许多本地餐厅的独特魅力。他不仅精心制作并发布了大量详尽的探店视频，每一帧都精准捕捉了餐厅的雅致环境和美食的诱人之处，还附上了真实有趣的品尝评价，这些内容迅速吸引了大量粉丝的关注和喜爱。凭借持续输出的高质量内容，这位美食达人迅速积累了庞大的粉丝群体，并成功塑造了自己的个人品牌，拥有了不可忽视的社会影响力。

每当这位美食达人发布新的探店视频，与之合作的餐厅总能立即感受到明显的变化。视频中的推荐仿佛一股无形的力量，吸引着众多美食爱好者慕名而来，餐厅的客流量因此显著提升。这些食客们不仅带来了人气，更为餐厅带来了实实在在的营业额增长，许多餐厅在视频发布后都实现了业绩的突破性提升。

这位美食达人也不仅仅是在为餐厅做宣传，他的努力同样为自己带来了丰厚的回报。通过与餐厅的合作，他不仅帮助餐厅提升了客流量和营业额，还因此获得了一笔可观的佣金收入。这进一步证明了内容创作和本地生活推广所蕴含的巨大商业价值，也为更多有志于通过抖音等平台进行内容创作和推广的人提供了宝贵的经验和启示。

2. 为什么一定要尽快做本地生活

在当下"人人都是自媒体"的时代，每个人都想过做自己的账号，但很多人在"选择人设"和"无货可卖"的环节就被劝退了。而本地生活这个赛道的优势就呈现出来了，无须纠结自己的人设与个人定位，也不用担心没有商品可卖。

本地生活赛道，只要你所在的城市有实体店铺，就可以低成本入局，并且启动成本相比传统商业会更低，只需一个人和一部手机即可入门，边享受优惠品尝美食，边把钱赚了，岂不是美滋滋？

本地生活可以做的细分赛道种类丰富，也十分贴近日常生活，像火锅日料、咖啡茶饮、景点门票、健身美甲、酒店民宿等，各种线下业态都能将入口搬到线上，通过线上的短视频和直播间进行销售。

从大众餐饮到文化娱乐，从休闲旅游到健康养生，各种各样的团购活动、优惠券和打折信息层出不穷。如果你也想探索主业之余的第二曲线，或者希望抓住这个机会去赚取自己的第一桶金，又或者你就是实体小店的商家，想要提高自己店铺的利润……现在进入本地生活都还来得及，只要能够尽快进入这一市场，便能抓住这波红利。

总之，本地流量红利为实体小店商家和达人提供了前所未有的发展机遇，抖音等平台则是抓住这一机遇的重要工具。尽快进入本地生活市场，对实体小店来说，可以实现实体生意的快速发展；对达人来说，能在市场竞争中占据有利位置，积累更多的粉丝，通过内容创作提升收益。

本地生活的新职业、新渠道

第二节

一、团购达人：应运而生的新职业

1. 用"吃喝玩乐"赚钱，你敢想吗

在旺盛的内容消费需求之下，越来越多喜欢表达自我和热爱吃喝玩乐的人，开始尝试从"内容消费者"转变为"内容创作者"。不同年龄、不同地区、不同行业的创作者，看到了更大的世界，创造了更多的可能。一个通过内容创作提升经济收益、发展多维事业、实现社会价值的新职业应运而生——团购达人。

团购达人在整个业态中，起到了至关重要的作用。达人是不可或缺的要素，连接着线上与线下，维系着用户与商家，是物理世界与网络世界的纽带。达人通过线下探店或打卡，然后根据自己的真实体验创作内容、带货，给用户推荐好的产品或服务，为合作商家做好推广。

团购达人作为本地生活服务的热情推广者，他们通过精心创作的内容，发掘并分享那些隐藏在城市角落的好店铺、迷人景区、优质服务和独特体验，为粉丝和消费者们打开了一扇通往美好生活的大门。在这个过程中，他们不仅为粉丝们提供了丰富多样的信息，还巧妙地融入了情绪价值，让每一次的分享都充满了温度和情感。同时，团购达人们也秉持着为消费者

谋福利的初心，用心挑选那些物美价廉的商品和服务，让粉丝们在享受品质生活的同时，也能感受到实实在在的优惠。通过这样的努力，团购达人们不仅让粉丝们拥有更多优质的选择，还帮助他们逐渐建立起对这些选择的认知和认同，甚至在心中留下深刻的记忆，进而引发持续的关注和参与。

2. 案例分享

以下是几个典型案例，展示了团购达人如何通过"吃喝玩乐"实现增收。

案例一：旅游团购达人小李的探索之旅

旅游爱好者小李，热衷于探索江浙沪周边的美丽风光与独特活动。她巧妙地将这份热爱转化为实际行动，利用抖音这一热门社交媒体平台，精心制作了一系列详尽而吸引人的旅游攻略视频。这些视频不仅详尽介绍了各类景点的独特魅力，还细致规划了游玩路线，并且分享了她在旅途中的点滴心得与感悟，迅速吸引了大量粉丝的关注和互动。

随着影响力的不断扩大，小李开始积极组织旅游团购活动，与本地知名景点、精品酒店以及信誉卓著的旅游公司建立了紧密的合作关系。她通过社交媒体平台，为粉丝们精心挑选并推荐了一系列折扣门票和特价住宿，极大地提升了旅游活动的吸引力。这些团购活动不仅让粉丝们享受到了实实在在的优惠，也进一步巩固了小李在旅游爱好者群体中的影响力。

更令人羡慕的是，通过这些合作，小李还获得了诸多免费游览各大景点的机会，并体验了高品质的酒店住宿服务。这些免费的旅游体验不仅让她能够更深入地了解每个景点的独特之处，也为她的旅游视频创作提供了更加丰富的素材和灵感。

最让小李感到欣喜的是，这些旅游团购活动不仅帮助粉丝们节省了旅游费用，更为她带来了丰厚的佣金和额外收入。这一创新的商业模式不仅让小李实现了个人兴趣与商业机会的完美结合，也给她的经济生活带来了显著的改善。

小李的成功案例无疑为更多的旅游爱好者提供了宝贵的参考价值和借鉴意义。她用自己的行动证明了，只要勇于尝试、敢于创新，就能将个人的兴趣爱好转化为实实在在的商业价值，实现个人梦想与事业发展的双赢。

案例二：吃喝玩乐团购达人雪琪的成功之路

本地生活团购达人雪琪凭借对京津冀地区吃喝玩乐领域的独特洞察，成功搭建起线上线下融合的销售桥梁，实现了个人收入的显著提升。在帆书的学习旅程中，她以卓越的表现迅速提升了带货能力，并在课程结束后通过实战赚回了学费，充分展现了其在团购带货领域的深厚潜力和扎实实力。雪琪每月的团购带货业绩稳定在 3 万元以上的高位，这不仅是对她本地生活服务运营能力的高度认可，也是她持续努力和精耕细作的最佳证明。

尤为值得一提的是，雪琪能够在多重身份间游刃有余地切换与平衡。作为一位忙碌的宝妈，她不仅肩负着家庭的重担，还是帆书体系内一位敬业的兼职助教，同时还在北京经营着一家服装店。这种多线作战的能力，彰显了她卓越的时间管理能力和个人组织能力。

此外，雪琪还积极拥抱新媒体平台，通过参加抖音本地生活课程，深入学习了短视频和直播带货的技巧。她巧妙地将这些技能应用于自己的团购带货实践，进一步拓宽了销售渠道，提升了线上带货的效率。如今，雪琪已经成为抖音平台上一位备受瞩目的本地生活团购达人，她的成功为众多同行树立了榜样。

团购达人这个角色，一方面通过创作短视频、直播、图文等形式的作品，与消费者产生互动和联结；另一方面也需要通过在短视频、图文作品中挂团购商品链接、地理位置，或者在直播时引导用户点击链接，帮助实现团购套餐的售卖。在完成商品交易后，达人即可通过佣金的方式获得相应的收益。

二、如何成为本地生活团购达人

1. 成为团购达人的基本步骤

虽然对大多数人来说，进入本地生活的门槛不高，但是方向得对。有时选择大于努力，选对垂直赛道才是本地生活正确的打开方式。普通人可以通过学习相关的营销技巧、社群运营技巧，以及了解本地市场需求，逐步成长为团购达人。其实，成为本地生活团购达人并不是一件难事，以下是几个关键步骤，可以帮助你顺利踏上团购达人的职业道路。

选择适合的平台与领域。首先，你需要选择一个自己感兴趣且有一定了解的领域，如美食、旅游、健身等。选择一个你热爱的领域不仅能让你更投入其中，也能让你的内容更加真实、有吸引力。

建立社交媒体账号。创建并优化你的社交媒体账号，如抖音、小红书、快手等。通过发布高质量的内容，吸引粉丝关注，并逐渐建立自己的影响力。内容可以包括探店体验、产品评测、活动推荐等。

当然，还要注意个人账号的"装修"，这不仅可以给用户留下良好的第一印象，更能强化人设，让用户注意你、记住你、关注你。对账号来说，"装修"主要包含四个部分：昵称、简介、头像、背景图。你可以选择一个与你的兴趣爱好、职业或个人特质相关的昵称，这样更容易引起共鸣；写简介时，你可以向用户介绍你的兴趣爱好、职业背景或者其他希望传达的信息，让你的用户对你有一个初步的了解，从而产生进一步了解你的兴趣；你可以选择一张清晰、美观的个人照片，或者选择一个与你的个人品牌相符的图标或插画作为头像，让你的账号更具吸引力，从而增加用户对你的关注；你可以选择一张与你的个人品牌相符的背景图，或者一张具有视觉冲击力的图片，或者一张能够体现你兴趣爱好的插画，让你的账号更具个性和辨识度。

拓展本地商家资源。 积极与本地商家建立联系，洽谈合作事宜。你可以通过直接拜访商家、参加本地活动或通过线上平台与商家互动等方式，寻找合作机会。与商家合作后，你就可以为粉丝争取到团购优惠，并从中获取佣金。

持续学习和创新。 团购达人需要不断学习和创新，跟上市场和消费者需求的变化。各大平台会有针对达人综合能力建立的等级体系。比如，抖音将平台达人的带货能力和内容创作能力等级分为 8 个级别，带货能力主要参考团购达人每个自然月团购商品的累计有效交易额，内容创作能力主要参考创作者生活服务的相关视频每个自然月在抖音产生的累计有效播放量。因此，持续、稳定地带团购链接开播和发布优质视频，将有助于提升等级。

2. 达人提升内容创作能力的方法

创作短视频好比建造一栋建筑。策划是建筑的功能规划，描绘出它应有的场景；脚本好比建筑的钢筋结构，勾勒出它的基础轮廓；拍摄则是为建筑添砖加瓦，形成墙体；最终通过剪辑与包装完成装修。策划、脚本、拍摄、剪辑，共同决定了短视频内容的整体质量。

本地生活团购达人要提升自己的短视频和直播创作能力，可以从以下几个方向着手。

做好探店内容的创意与策划。首先，我们需要深入了解受众的需求，通过数据分析粉丝的兴趣点和关注点，从而为他们量身打造内容。例如，我们可以推出本地美食推荐、独家优惠活动以及热门旅游景点介绍等，确保内容紧贴粉丝的需求。同时，为了保持内容的新鲜感和吸引力，我们要定期策划新颖有趣的主题，如节日特别策划、新品抢先试吃以及独特的探店系列等。在内容表达上，我们可以采用故事化的方式，通过分享个人体验、顾客故事或商家背后的故事，让内容更具感染力。

做到探店技术与剪辑技能的提升。 为了提升探店视频的质量，我们需要专注于探店技术和剪辑技能的提升。在视频拍摄方面，我们可以学习基础的摄影知识，包括构图、灯光和色彩运用等，以提高视频画面的稳定性和美观度。同时，我们还需要掌握先进的视频拍摄技巧，确保每一帧画面的质量。在后期剪辑方面，我们需要熟悉并掌握视频剪辑软件，通过剪辑技巧，如剪切、转场、字幕添加和配乐等，提升视频的观赏性和专业度。此外，我们还要学习使用图像编辑软件，以提升图片处理和排版能力，让图文内容更加吸引人。

学习互动与沟通技巧。 为了增强与粉丝的互动和沟通，我们可以采取多种策略。在直播过程中，积极与受众互动，回答他们的问题并关注他们的需求；通过抽奖等方式，进一步增加直播的趣味性和受众的黏性。同时，定期更新内容并与粉丝保持紧密互动，利用评论区、私信等渠道及时回复粉丝的留言和反馈。此外，我们还要高度重视用户反馈，认真倾听粉丝的建议和意见，并根据这些反馈不断优化我们的内容和服务。

通过在以上几个方向上精进，本地生活团购达人可以不断提高短视频、图文和直播的质量和效果，吸引更多粉丝，提升自己的影响力和商业价值。成为本地生活团购达人不仅是一种赚钱的方式，更是一种享受生活、拓展社交圈的机会。普通人也能顺势而为，在这个新兴职业中找到自己的位置，实现个人价值和经济收益的双重收获。

三、个人实体商家：生意的增长新渠道

对于有自己店铺的实体商家来说，最痛苦的其实就是房租、水电加上人工的成本居高不下，而商家们想要的潜在客户，恰恰全部都在线上，都在我们日常使用的各类新媒体平台上，如抖音、美团、视频号等。

线上线下结合的商业模式成为个人实体商家生意增长的新方法。通过将线上营销与线下服务有机结合，个人实体商家可以充分利用互联网的优势，提升品牌影响力和销售额。

通过整合社交媒体、短视频平台及电商渠道的短视频推广策略，个人实体商家能有效提升店铺曝光度。他们用短视频来展示好吃的怎么做、产品有多好等，这样很容易吸引受众。而且，商家还能在直播时与消费者聊天，增强信任感，并通过打折等活动让大家产生购买冲动。这样，店铺的知名度、口碑和销售额就都提升了。

商家还可以通过这种模式进行数据分析和本地精准营销，通过线上平台收集用户数据，用先进技术分析这些数据，了解用户的兴趣、偏好和需求，这就像给每个用户画了一幅详细的画像。这样，商家就能更清楚地知道自己的目标客户是谁，为准备营销策略提供了有力的数据支持。然后，平台利用大数据分析，把商家的营销内容直接推送给店铺周边可能感兴趣的顾客。这种推送是基于用户的地理位置和行为数据的，所以非常精准。这样，商家的营销活动就能更准确地找到目标客户，吸引他们前来消费，从而提高销售转化率。

在这样的生态环境下，个人实体商家提供优质的商品和服务，并利用短视频、图文、直播等内容形式，与用户产生联结和信任；用户通过浏览"好内容"产生兴趣，从而对"好商品"和"好服务"进行消费和购买。其中，"内容是经营的起点"，也是连接用户和商品，连接用户和服务，乃至连接用户和商家的核心经营要素之一。

1. 天鹅到家：家政行业的成功案例

"天鹅到家"作为家政行业的代表，通过搭建内容团队，深耕品牌线上阵地和品质服务标准可视化，取得了显著的成效。他们不仅让用户买得放心、用得舒心，还通过多维度内容宣发，丰富了品牌形象，实现了月度销售额突破 2000 万元。

天鹅到家建立了一支专业的内容创作团队，负责撰写和发布关于家政服务的优质内容，包括服务流程、客户评价和服务标准等。这些内容不仅丰富了品牌的专业形象，还增强了用户的信任感。

通过视频和图文形式，天鹅到家将服务标准和流程透明化，让用户对家政服务有了更直观的了解。这种可视化的展示不仅提升了用户体验，还增强了用户的满意度和忠诚度。

天鹅到家通过微信公众号、抖音、小红书等多平台进行内容推广，覆盖了不同用户群体。他们发布了大量关于家政服务的真实案例和客户反馈，吸引了很多新客户。数据显示，天鹅到家的保洁类爆品成交量突破 10 万单，新客户比例高达 80%。

2. 瑜伽馆直播：打通线上线下生意链路

一家瑜伽馆通过尝试直播，成功打通了线上线下的生意链路，克服了"拓新难"的经营困局，实现了销售额的显著提升。

瑜伽馆顺利开启了第一场直播，售出 1.2 万元的课程和服务，证明了直播模式的可行性。在随后的第二场和第三场直播中，分别售出 0.8 万元和 1.6 万元，进一步巩固了直播带来的流量和销售额增长。

通过直播活动，瑜伽馆不仅吸引了大量新客户，还实现了线上成交和线下续费留存。用户在线上购买课程后，到线下门店体验并续费，形成了完整的线上线下生意链路。瑜伽馆的月度销售额从单月几千元提升到 6 月的 3.3 万元，成功实现了业绩突破。

3. 50 岁帆书书友"重启人生"

"钢圈哥"，江苏连云港人，自 2009 年起在天津经营钢圈销售公司，至今已经 15 年了。

起初，"钢圈哥"满怀热情地在社交平台上尝试分享读书和育儿内容，希望能在这个虚拟的世界里找到自己的位置。然而，由于缺乏信心和经验，他的视频并没有吸引太多人的关注，更别提变现了。面对这样的局面，"钢圈哥"备感沮丧，但他并没有放弃。

在帆书本地生活项目的帮助下，"钢圈哥"决定专注于汽车钢圈的内容创作。他开始学习修图和剪辑技能，不断提升自己的创作能力。经过一段时间的努力，他的账号逐渐有了起色，视频质量也越来越高。

然而，奔向成功的道路上并非一帆风顺。"钢圈哥"在创作过程中遇到了许多挑战，但他并没有退缩。在帆书的学习和实践中，他逐渐成长。他的短视频终于获得了客户的认可。他的表达能力也得到了很大提升，变得更加自信和从容，还帮助朋友提升了镜头感。

有一天，"钢圈哥"通过短视频引流，成功卖出了 800 个汽车钢圈，获得了一个金额超 12 万元的订单。这让他欣喜若狂，也证明了短视频带货模式的可行性和成功。"钢圈哥"终于找到了属于自己的舞台。

本地生活的新未来、新时代

第三节

《2023 ~ 2024 年中国本地生活服务行业市场监测报告》显示，2025 年我国的本地生活服务市场将超过 2.5 万亿元，其中在线餐饮外卖市场规模将达 17469 亿元，生鲜电商市场规模将达 5403 亿元，互联网社区服务市场规模将达 3455 亿元。

因此，本地生活成了各大互联网企业竞相布局的宝藏领域。2023 年底开始，美团、抖音、阿里等企业都对本地生活业务进行了组织架构的大调整，战况愈加激烈。

同时，越来越多的商家意识到线上线下结合的重要性，通过新媒体平台提升品牌曝光度和客户黏性，拓展市场空间。在各平台掀起新兴消费热潮，从看到买，边看边买，成为大众生活消费的重要习惯。

可以预见，本地生活服务市场在未来几年内将持续增长，迎来一个快速发展的爆发期。在这样的市场环境下，达人和商家需要积极应对变化，抓住机遇，才能在竞争中立于不败之地。

对达人来说，持续输出优质内容是关键。达人应当深入了解本地生活服务的最新趋势和消费者需求，通过视频、直播、文章等多种形式，分享真实的体验和专业的建议，吸引更多的关注和粉丝。此外，达人可以与本地商家合作，通过联合推广、折扣优惠等方式，提升影响力和商业价值。

对商家而言，拥抱数字化转型是必然选择。他们需要建立完善的线上营销体系，包括社交媒体运营、线上活动策划、用户数据分析等，提升品牌知名度和用户黏性。同时，商家应积极参加本地生活服务的行业交流和培训，不断提升自身服务水平，满足消费者的多样化需求。

在市场潜力、新技术推动和政策支持的多重作用下，本地生活行业正迈向一个全新的时代。未来，本地生活行业将不仅仅是一种副业，而是成为人们生活中不可或缺的一部分。对个人和商家而言，抓住这一机会，提前布局，将能够在这一爆发期中占据有利位置，实现事业的新突破。

本地生活，让每一座城都有爆火的可能。

本地生活，让达人创作的精彩被放大。

本地生活，让商家的生意红红火火。

本地生活，让吃喝玩乐成为生活新趋势。

本地生活，将成为用户的消费场，达人的流量场，商家的生意场。

让我们期待，本地生活服务在不久的将来，迎来属于它的黄金时代。

4

炙手可热的副业之选：短视频与直播达人

本章作者：王哲荣

在如今互联网高速发展的时代，短视频与直播几乎成为我们日常生活的一部分，每天无数的内容在屏幕上闪过，让人应接不暇。短视频和直播的大热，不光改变了人们的娱乐模式，更为普通人搭建了一个实现财富梦想的绝佳平台。越来越多的人借助短视频和直播平台，尽情展示自己的才艺、技能和生活点滴，吸引了海量的粉丝和关注，进而达成商业变现。

也许你会觉得市场已经饱和，自己可能很难脱颖而出，从而对此望而却步。然而我想告诉你的是，正是因为这样的流行和普及，短视频与直播才显示出了其独特的魅力和优势。

短视频和直播是一个门槛低而机会多的新兴领域。不需要昂贵的设备或专业的背景，也不论长相与学历，一个普通的手机和你对生活的热情，就是最好的开始。你可以根据自己的兴趣和时间自由地创作，无论是利用工作之余的休息时间，还是周末的空闲时光，都可以成为你大展拳脚的舞台。这种低投入、不受时间与空间束缚的副业之旅，让每个人都有机会找到属于自己的位置，探索崭新的领域。

在这个舞台上，每个人都有成长的空间。随着不断地学习与探索，你会发现自己不仅在相关技能上有所进步，而且在精神上也得到了丰富。在这个过程中，你将享受到创作带来的快乐，学会如何与受众沟通，把握如今的行业动向，将自己的爱好转化为可观的收益。

总之，短视频和直播是一个有着严峻挑战却充满机遇与乐趣的领域，不要让初步的犹豫阻碍了你的脚步，带着足够的勇气和坚定的决心，现在跟着我一起探索短视频与直播的世界吧！

每个人都该抓住的副业机会

第一节

一、短视频和直播为什么值得做

在当前互联网时代和经济形势下，短视频和直播已经成为许多普通人增加副业收入的重要途径。短视频和直播门槛低、回报高，为普通人提供了展示自己特长的舞台。

1. 到线上赚第一桶金

近年来，全球经济环境的不确定性加剧，许多线下商家和个体都面临着前所未有的经营困难。传统的线下渠道因租金、人工等成本高昂，以及客流量大幅减少而变得异常艰难。许多商家在经营上遇到了层层阻碍，迫切需要找到新的收入来源和销售渠道。在这种情况下，转战线上，通过短视频和直播平台寻求突破，成为许多人的首选。

线上平台如抖音、快手等，提供了低成本、高回报的副业机会。商家和个人可以利用这些平台展示产品、分享生活技巧、展示个人才艺等，吸引大量粉丝和潜在客户。短视频和直播不仅能够直接与消费者互动，增强用户黏性，还能通过实时反馈了解市场需求，快速调整销售策略。尤其是在直播带货中，商家和个人可以通过展示产品、与受众互动、现场答疑等方式，直接促进销售，实现即时收益。

2. 低门槛：人人都可以参与

短视频和直播的一个显著优势是低门槛。任何人只需要一部智能手机和基本的创作技能，就可以开始制作和发布内容。抖音平台提供了各种滤镜、特效和背景音乐，用户可以轻松制作出高质量的短视频。这种简单便捷的创作方式，使得短视频创作成为人人都可以尝试的副业。

3. 高回报：从兴趣到收入

短视频和直播不仅门槛低，而且回报高。许多创作者通过这些平台积累了大量粉丝，并通过直播带货实现了高额收入。这些创作者中不乏一些原本从事其他职业的人，他们以副业的形式参与进来，利用业余时间制作短视频或进行直播，成功地将兴趣转化为收入。

4. 庞大的用户基础：海量的潜在受众

短视频和直播平台拥有庞大的用户基础，为内容创作者提供了巨大的潜在市场。截至 2023 年底，中国短视频用户超过 10 亿人，其中抖音占据了很大一部分市场份额。这种庞大的用户群体为抖音创作者提供了广阔的受众基础，增加了内容被观看和传播的机会。

综上所述，短视频和直播作为低风险的副业选择，具有低门槛、高回报、庞大的用户基础和丰富的创意表达空间等特点。对于希望通过副业实现收入增长和自我价值的普通人而言，短视频和直播无疑是值得投入的领域。通过不断学习和实践，普通人也可以在这个领域中找到自己的位置。

二、短视频和直播的成功案例

1. 田园生活的美好展示

李子柒通过短视频分享她在农村的田园生活和传统手工艺制作，迅速积累了大量粉丝。她的视频内容涵盖了从种植、收割到制作传统美食的全过程，展现了中国传统文化的独特魅力。她不仅在国内大受欢迎，还吸引了大量海外粉丝，并成功地打造了自己的品牌，通过销售相关产品和广告合作实现了可观的收入。

2. 意外走红的藏族少年

丁真是一位来自四川甘孜的藏族少年，因一段无意间拍摄的短视频在抖音上走红。他质朴的形象和纯真的笑容深深地打动了网友，迅速积累了大量粉丝。在走红后，他不仅成为当地的旅游形象大使，还通过直播平台展示藏族文化，销售特产，帮助家乡脱贫。

每个人都能做到的副业方法

第二节

一、短视频内容变现

制作短视频已成为许多人增加副业收入的重要途径。通过抖音等平台，普通人和小商家可以轻松利用手机创作内容，吸引粉丝，并通过多种变现方式获得收入。在本节中，我们将探讨短视频的几种主要变现途径，以及如何制作有爆款潜质的短视频。

1. 短视频的主要变现途径

短视频的变现途径多种多样，普通人和小商家可以通过以下方式在抖音等平台上获得收入。

广告变现是短视频最常见的收入来源之一。通过积累大量粉丝，创作者可以吸引品牌合作，在视频中植入广告或直接推广品牌产品。在选择广告变现时需要注意两点，首先需要选择合适的品牌，要与自身内容的风格相匹配，其次需要自然植入，将广告内容自然融入视频，不要显得突兀。

挂购买链接是短视频变现的重要手段之一。通过在短视频中附上购买链接，创作者可以直接将受众引导至产品的购买页面，实现高效的流量转化。所以，要确保视频内容与推广的产品高度相关，使受众感到自然和有价值。比如，抖音上的美妆博主在化妆教程中推广使用的化妆品，通过视频展示化妆效果，并在视频中附上购买链接，提升产品的转化率。

切片带货也是短视频变现的方式之一。 与短视频带货不同的是，切片带货无须自己进行脚本的编写与视频拍摄，只要会剪辑即可。直播切片带货是使用直播过程中的精彩片段推广和销售产品的一种方式。只要选择适合的主播，通过私信、主页的联系方式进行询问，索要切片授权即可，然后就可以挂链接获得相应的佣金，一般寻找一些粉丝量大的主播的视频进行切片更容易变现。也会有些粉丝很多的博主主动开放切片权限，招募创作者进行剪辑变现。

通过知识付费变现。 随着知识付费在国内的接受度和渗透率越来越高，知识内容短视频变现逐渐成为一种通过提供有价值的知识和技能，吸引粉丝并实现收入增加的方式。知识型内容创作者通过分享专业知识和实用技能，吸引对该领域感兴趣的受众，并通过收费服务实现变现。大家可以专注于某一专业领域，提供高质量的内容，如教育、健康、理财等，也可以开设收费课程或提供一对一咨询服务，帮助受众解决实际问题。

2. 如何打造爆款短视频

短视频平台如抖音的兴起，让短视频内容创作者面临如何在极短的时间内吸引并留住受众的挑战。下面，我们一起学习打造爆款短视频的实用技巧，结合具体话术和脚本示例，有效提升视频的曝光率和用户互动率。

第一，理解用户心理。 在制作短视频时，了解用户的心理需求和行为模式是成功的关键。比如，稀缺感、共鸣感和视觉冲击是三种典型的用户心理。

稀缺感是一种强烈的心理需求，它会引发用户的高度关注。通过在视频中设置时间或数量限制，可以让用户感受到内容的稀缺性，进而增加视频的吸引力。

话术：

点击评论区链接下单，前100名下单的人将享受半价优惠。仅限前100名！

共鸣感就是引发用户的情感共鸣，提高视频的互动率。真实的故事、正能量的内容、暖心的文案等都能够引发用户的情感共鸣。

话术：

这是我与母亲一起经历的最温暖的瞬间，你有类似的经历吗？

看到这一幕，我忍不住想起了自己的童年，真的好怀念。

对短视频来说，视觉冲击也很重要。高颜值、搞笑、有趣的内容能够迅速吸引用户的目光。精心设计的画面和生动的表现形式能在第一时间抓住用户的注意力。

话术：

化妆挑战！今天挑战××（明星）。

看我给宠物狗狗做的新造型，是不是很萌？

第二，优化视频文案。优秀的文案是短视频成功的重要因素之一。以下是几种有效的文案类型。

交互型文案：通过提问或设问引发用户互动，这种直接的互动能够激发用户的参与感。

话术：

你们觉得这个方法靠谱吗？留言告诉我吧！

你有没有更好的解决办法？评论区见！

悬念型文案：在视频中设置悬念，引发用户的好奇心，让他们想要知道接下来的内容。

话术：

接下来发生的事情让所有人都惊呆了，你绝对想不到！

这件事情背后竟然隐藏着这样的真相，继续看下去你就知道了！

故事型文案：通过讲述感人的故事吸引受众。感人的亲情故事、友情故事、爱情故事等都能够引发用户的情感共鸣。

话术：

这是一个关于友情的故事，直到今天我仍然记得那个夏天。

我们一起经历了这么多风雨，这就是我们的爱情故事。

第三，利用热点话题和流行元素。 热点话题和流行元素能够迅速为短视频带来大量的流量。以下是几种有效的策略。

追热点：利用当前流行的话题或事件制作视频，可以迅速获得大量的曝光。例如，结合当前的热门影视剧、社会热点事件等。

话术：

那你偏要去北京什么意思？北京到底有谁在啊？

最近大家都在讨论的 ×××，你怎么看？

明星效应：与在某领域有影响力的人合作，可以增加视频的曝光率。即使无法直接合作，也可以制作与其相关的内容。

话术：

模仿一下 ××× 的经典造型，你觉得像吗？

与 ××× 一起合唱一首《×××》。

视觉元素：使用高质量的视觉元素和特效吸引受众。例如，短视频创作者通过使用炫酷的视觉特效和创意镜头创作出的视频，吸引了大量受众的注意。

第四，内容选题方向。 在选择内容题材时，应该考虑以下几个方面，以确保视频能够吸引广泛的关注。

实用干货：提供有用的生活技巧、学习方法、职业技能等干货内容。例如，短视频教程、生活小妙招、软件使用技巧等，这些内容能够满足用户的实际需求，获得较高的关注和点赞。

话术：

教你三分钟搞定家庭清洁的小妙招，超级实用！

如何用 Excel 快速制作数据图表，办公达人必看！

情感故事：讲述真实、感人的故事，通过展示人与人之间的温情互动来打动用户。例如，亲情故事、友情故事、爱情故事等，这些内容能够引发用户的情感共鸣和互动。

话术：

这是我和父亲之间最特别的回忆，每次想到都觉得很温暖。

这是我认识 30 年的朋友，他现在在做什么呢？

娱乐搞笑：制作搞笑段子、有趣的模仿视频等内容，通过轻松有趣的方式来吸引用户。例如，搞笑的动物视频、创意模仿视频等，这类内容能够迅速获得用户的关注和分享。

第五，提升视频互动率的技巧。为了提升视频的互动率，提高视频点赞量和评论量是两种有效的方法。

情感宣泄：视频内容让用户产生情感波动，这种波动累积到一定的量，就会促使用户产生点赞的冲动。例如，唯美、开心、恐惧、甜蜜等情感的堆积都有机会促使用户点赞。

话术：

如果你被感动了，别忘了给我点个赞！

这段视频真的很催泪，如果你也感同身受，请点赞支持！

自我标签：通过认可用户的标签增加点赞。

话术：

如果你也在努力奋斗，请为这段视频点个赞！

作为一个热爱学习的人，点赞是对我最大的支持！

高密度信息量：通过增加视频的信息量，激发用户评论。例如，教育类短视频创作者在视频中详细讲解学习方法，吸引了大量学生和家长在评论区讨论学习经验和方法。

通过理解用户心理、优化视频文案、利用热点和流行元素、选择合适的内容题材，并提升视频的互动率，我们可以有效地制作出爆款短视频，从而提升视频的曝光量和用户互动量。这些技巧和策略已经被众多成功的短视频创作者验证，我们可以根据自己的实际情况进行调整和应用。

3. 短视频时代每个人都有变现的机会

在短视频时代，人人皆可成为内容创作者，利用平台提供的广阔舞台，找到自己的受众，实现变现的梦想。这个时代的特征不仅仅是内容消费的碎片化，更是创作门槛的极大降低和传播渠道的多样化，每个人都有了变现的机会，有很多普通人已经依靠短视频实现人生的飞跃。

作为普通人的我们，也许注定成为不了站在金字塔顶端的人，但是在短视频时代，我们有了自我展示与实现价值的广阔舞台，在这个时代，只要有创意、有热情，勇于尝试和创新，就可能抓住变现的机会，实现梦想。

被子哥：用实体店嫁接直播行业一样可以变现

被子哥是一个卖被子的实体店商户，学习课程后，从去年开始直播一直到现在。日复一日的练习与积累，坚持与努力，成就了他现在月变现稳定在万元的成绩。除了运营个人账号，他还成了帆书的分销达人，个人账号累计变现过万元。谈及个人经历时，他也常常说道："像我们这种做实体店的人，真的非常有必要去嫁接直播行业。"

所以，大多数人可以通过超强的"人设＋剧情"的内容方法论，做出用户想看的内容，那么做出爆款账号也是很有可能的。

低风险开启第二职业

二、直播盛宴：轻松掌握极速变现

本节将用数据与实际案例为大家讲述为什么直播是一场盛宴？一些知名的头部 IP 等又是如何搭上直播变现的快车？而作为普通人的我们，没有任何知名度与资源加持，又如何避开头部主播找到属于我们的直播赛道？

1. 底层逻辑

一提到直播，你想到的可能都是粉丝数量达到千万级别的主播。他们是直播行业的翘楚，拥有很多人难以企及的变现能力和知名度。但是，他们仅仅只是少数的头部主播，在这个直播行业里，80% 的直播还是由普通人完成的，这部分直播的蓝海收益也很大。

中国互联网络信息中心（CNNIC）发布的第 54 次《中国互联网络发展状况统计报告》指出，截至 2024 年 6 月，我国网络直播用户规模达 7.77 亿，占网民整体的 70.6%。直播市场的用户规模及使用率在逐年增长，直播变现的空间也在持续扩充。

作为普通人的我们可能无法像头部主播一样占据金字塔的顶端，所以通过直播开展副业的我们一定要时刻谨记，我们的目的是变现，不是成为"网红"。不能变现的直播间，人气再高于我们而言也没有意义，所以，在开启直播之前，一定要明确自己做直播变现的底层逻辑。

普通人在视频平台做副业，一定是一边赚钱，一边提升自己的技能。

2. 流量玩法：直播变现的几种主要途径

直播不仅提供了主播与受众互动的平台，同时也成为众多主播获取经济收入的重要途径。在直播中，有几种常见的变现方式：直播带货、优质内容付费、受众打赏和广告变现等。

首先是直播带货，这是最常见和最热门的变现方式之一。 主播通过展示商品的特点、功能和使用效果，吸引受众购买。根据数据统计，有许多带货直播实现了惊人的销售额，这不仅为主播增加了收入，还为品牌打造了良好的口碑。

其次是优质内容付费，这是一种通过提供高质量的独家内容变现的方式。 许多平台提供了会员制度，受众可以通过付费订阅获取专属内容和特权。比如，一位健身达人在直播中分享自己的训练方法和饮食计划，受众可以通过付费获得更深入的健身指导和个性化的饮食建议。这种方式要求主播具备专业知识和很强的表现力，以吸引受众愿意为其独家内容付费。

受众打赏也是直播变现的一种方式，它基于受众对主播表演或分享内容的喜爱和支持。受众可以在直播过程中通过虚拟礼物的形式向主播表达自己的赞赏和鼓励。这些虚拟礼物可以在平台购买，如花朵、飞吻等，每个礼物都有相应的价格，受众可以选择性地赠送。主播在直播过程中，可以根据受众的打赏情况进行特别的表演或互动，以增强受众的参与感和满足感。受众打赏不仅能够为主播带来经济收入，更能够激发主播的积极性和创造力。

主播可以通过为产品或服务进行代言或广告宣传获取收入。举个例子，一家著名的化妆品品牌找到了一位美妆博主，让博主在直播中展示了该品牌的化妆品，并分享了自己使用后的体验感受。受众对该化妆品产生了浓厚的兴趣，从而增加了销量。此外，主播还可以与其他企业合作进行品牌植入。比如，在直播中穿着某个品牌的服装或使用某个品牌的配饰。通过直播平台的广告变现，主播能够获得稳定的经济来源。

通过连麦砍价的方式，引爆直播间，从而完成销售转化。需要流量的达人、商家可以和流量好的达人进行连麦引流，这也是为什么很多平台会有直播打榜 PK 赛，其实背后就是在不断引流，制造流量焦点。

3. 直播中的常见问题

借助直播的方式变现，要了解直播中常出现的问题，并且进行试错和规避，才能不断成长，而不是一直停滞不前。

第一，曝光低，流量小，直播间没有人。在竞争激烈的直播行业，许多主播面临曝光和流量不足的困境。新晋主播或小型直播间很难在大量的直播内容中脱颖而出，吸引受众进入直播间。平台的推荐机制通常会优先推广那些关注度高和互动量大的直播间，而新手主播往往难以获得初期的曝光和关注。其次，缺乏有效的推广策略也是导致流量小的主要原因。许多主播缺乏系统的营销和宣传手段，未能充分利用社交媒体、短视频平台和其他线上渠道进行推广，导致直播间的知名度无法提升。

第二，没有商业化运营思维，流量不够精准。首先，商业化运营思维的缺乏是很多主播难以实现流量转化的原因之一。许多主播在进行直播时，缺乏对市场和用户需求的深入了解，只是单纯地展示产品或内容，而没有考虑如何通过直播进行有效的商业化运营。例如，未能明确目标受众，导致吸引来的用户不精准，无法实现有效转化。其次，缺乏数据分析能力也是一大问题。没有利用数据工具分析用户行为和偏好，不会进行数据复盘。最后，主播在内容策划和产品选择上也缺乏商业化思维，无法根据市场趋势和用户需求及时调整，导致直播效果不佳，流量不够精准。

第三，粉丝运营难，涨粉成本高。 很多主播由于缺少运营思维，导致账号"僵尸粉"过多，直播效果不佳。首先，获取新粉丝的成本日益增加，吸引新用户的推广费用和时间投入都非常高。其次，粉丝的维护和互动也是一大难题。许多主播缺乏系统的粉丝运营策略，未能建立起稳定的互动机制，导致粉丝黏性差，容易流失。再次，主播在内容和活动策划上未能持续创新，无法提供持续的吸引力和新鲜感，导致老粉丝流失、新粉丝增长乏力。最后，未能有效利用社群运营和私域流量也是一个问题。许多主播未能通过微信、微博等私域渠道进行精细化运营，错失了与粉丝深度互动和提供增值服务的机会。

第四，主播带货能力、流量承接能力差，难以获得快速成长。 主播的带货能力和流量承接能力直接影响了直播间的成长速度。首先，带货能力不足主要体现在产品介绍不专业，销售技巧不熟练，无法激发受众的购买欲望。许多主播缺乏专业的培训和指导，无法在直播中有效地展示和推荐产品。其次，直播中的互动技巧和应变能力也是关键因素。未能及时回应受众的问题和需求，无法建立信任感，没有购买意愿。最后，流量承接能力差也限制了直播间的发展。即使直播间吸引了大量受众，但如果无法有效地将这些流量转化为实际购买，那么也无法实现业绩的提升和快速成长。

三、直播的具体准备

1. 直播前

第一，直播前需要制订一个详细的直播计划，包括时间安排、内容大纲、互动环节等，确保每一个环节都有清晰的目标和操作步骤，避免在直播过程中出现混乱和脱节。

第二，准备好直播设备和环境，确保直播设备（如摄像头、麦克风、照明设备等）都处于良好的工作状态，同时选择一个安静、明亮的环境进行直播，避免噪声和干扰。提前调试设备，确保直播画面清晰、声音流畅。

第三，预热和宣传。在直播前，通过社交媒体、短视频平台等渠道进行预热和宣传，吸引更多的受众关注和参与。发布直播预告，告知受众直播的时间和内容，并通过互动和抽奖等活动增加预热效果。

以樊登老师的直播间为例，在进行直播宣传时，都会提前发很多海报进行预热，所以我们在做预热和宣传时，也可以利用周围的关系网络进行曝光。

2. 直播中

第一，直播过程与受众的互动非常重要。要及时回应受众的问题和评论，增加互动感和参与感。通过有趣的互动环节，如问答、抽奖等，可以提升受众的参与积极性。这里也为新手们准备了一些话术。

①开场话术

- 欢迎来到我的首场直播，家人们，世界这么大，刚好遇见你，家人们稍作停留，我正在暖场，等人再多一些，我会送一大波福利给你们，左上角点点关注，能遇见就是缘分。

- 今天是我线下转线上的第一天，为了冲人气只送不卖，我们家产品品质高，要送我也送你们好东西，绝不能因为几个福利品坏了我们家的口碑，直播间里认识我的人都知道，我这人就是实在，卖的东西也都是好东西。

- 欢迎正在看直播的姐妹们啊，我们是做好物分享的，今天第一天开播，如果还有没领到开播福利的姐妹们，那么今天一定不要错过，进来多看看，有不少好货等着你。

- 欢迎家人们来到我的直播间，我们新号刚刚开播，虽然我也不知道怎么投流，怎么搞直播话术这些花里胡哨的事情，但是我主打一个真诚，知无不言，给你们介绍的产品都是我对比几十家产品选出来的，主打一个物美价廉。

- 新进直播间的宝宝们太幸运了，我跟你们说，今天是我实体转线上的第一天，亏钱做买卖，我今天不是来卖货的，就是来送福利的，拿了100多件优质好物给你们，就是为了涨人气，积累粉丝。

- 刚进来的家人们，你们运气真好，怎么就碰上我正在炸福利了呢，刷到我不是偶然是必然，今天为了攒人气，让大家了解一下咱家的品质，我把投广告的费用都投到了这个产品上，努力用产品说话，用诚意说话。

- 所有家人们，你们今天来到我的直播间，不用一进来就给我点关注，很多直播间说我不宠路人，只宠自家粉丝，不好意思，今年落地生意太难做了，我今天就转线上逆向而行，我要看看我能在线上掀出什么浪花，无论你是路人还是自家粉丝，你先进来再说，今天我就只有10个福利名额留给大家，先把坑位占上。

②拉新式互动

- 你认可主播我这种实在人的，左上角点一下关注，粉丝灯牌亮一下，当然我不可能让你白点，看到我旁边这些好东西了吗？全给咱粉丝安排上。

- 如果家人觉得我说的有道理，在评论区打"888"，一起发发发，好不好？

- 今天的福袋都是好东西，没领福袋的左上角领领福袋，来都来了，开了福袋再走，是不是？家人们。

③选择式互动

- 家人们，还想听我讲什么品，想听我讲书的扣1，想听我讲台灯的扣2，想唠嗑的扣666。

- 姐妹们，你们现在想要我讲哪个品啊，帆布包还是圆珠笔啊，今天你们想听什么我们就讲什么好不好？

④提问式互动

- 我们直播间的家人们都是哪里人？有没有和我是老乡的？今天不管直播间的粉丝们来自哪里，都是我五湖四海的兄弟姐妹。小助手，把我的那个福利链接挂上来，这么好的福利一定要让我五湖四海的兄弟姐妹们享受到。

- 今天是不是有很多新面孔啊？不行，我得让我的小助理搞一个宠新粉的活动，新来的给我打出"新粉"两个字。

⑤点对点互动

- 欢迎×××进直播间，你好啊，我们家正在开播送福利，好巧啊。

- 我刚刚看到×××粉丝说我们家产品质量好，来给他备注一下，帮我把还没上的那个新款杯子发他一个。觉得我们家质量好的，都给我打个1好不好？

第二，合理控制直播的节奏，不要让直播显得拖沓或过于紧凑。根据直播计划，逐步推进每一个环节，确保直播的连贯性和流畅性。同时，注意掌握互动和推销的平衡，避免让受众感到被打扰。一些带货主播都会配有直播助理，直播助理是非常重要的，大家都会发现有背景音在烘托氛围，透露还有多少单，让点赞关注等。

第三，在直播过程中，实时关注受众数量、互动数据等反馈，及时调整直播策略和内容。通过数据分析，我们可以了解受众的喜好和需求，提升直播效果。

做评论： 刚刚开直播的时候，直播间是没人的，如果不能提供有价值的东西，是留不住人的，可以先讲一点点干货，或者通过讲内容吸引大家、留住大家。当有意去做评论数据时，自然而然就与直播间的用户互动起来了。

点赞数据： 点赞数据关乎着平台是否判定你的直播间为可推流的直播间，一边直播一边要点赞，不仅可以增加与用户的互动，还可能得到官方对直播间的流量推送。

关注数据： 关注、点赞、评论是层层递进的，需要一步一步地来，要关注不仅仅是为了增加粉丝量，也是为实现进一步的互动，提升直播间的热度。

3. 直播后

第一，直播结束后，要对整个直播过程进行总结和反思。 具体来讲，就是要分析直播数据，了解受众的反馈和反应，找出不足之处和需要改进的部分。通过总结和反思，你可以不断提升自己的直播能力和水平。

第二，跟进和维护。 直播结束后，要通过社交媒体、私域流量等渠道与受众保持联系，及时跟进受众的问题和需求；通过持续的互动和维护，增加受众的黏性和忠诚度。

第三，根据本次直播的总结和反思，调整下一次直播的内容和策略。 通过不断的优化和改进，你就可以提升直播的质量和效果，吸引更多的受众参与直播。

注意事项

除了上述围绕直播开展的具体相关工作，还有一些事项是需要大家注意的。这些事项虽然不像前述工作那样具体明确，但它们同样重要，不可或缺。

第一，建立基本信心。 直播是一项需要勇气和自信的工作。首先，你需要相信自己的能力，相信你所分享的内容和产品能够给受众带来价值。这种自信不仅基于对产品或内容的深入了解，还基于日常的准备和练习。你可以通过模拟直播、面对朋友或家人练习提升自己的表现力和应变能力。同时，你的积极心态也非常重要，你要相信每一次直播对自己都是一次成长的机会，即使遇到挫折也不要气馁。

第二，了解用户心理。 了解用户心理是直播成功的关键。你需要知道你的受众是谁，他们的兴趣和需求是什么。通过数据分析和市场调研，你可以更好地把握用户的喜好，有针对性地进行内容策划和产品选择。与受众的互动也能帮助你更好地了解他们的需求，及时调整直播策略。此外，还要关注用户的反馈和评论，不断改进直播内容和形式，提升用户满意度。

第三，寻找个人特色。 想在众多主播中脱颖而出，具备个人特色是尤为重要的。你需要找到自己的独特之处，无论是幽默风趣的风格，还是掌握的专业权威的产品知识，都能成为吸引受众的亮点。通过不断的尝试和探索，你会找到最适合自己的直播方式，并在此基础上不断优化和创新。此外，保持真实和真诚也是打造个人特色的重要因素，这可以让受众感受到你的真诚和热情，才能与你建立起长久的信任关系。

第四，打磨内容。 优质内容是吸引和留住受众的核心。你需要精心策划每一次直播的内容，从开场到结束，每一个环节都要有清晰的计划。内容的选择要符合受众的兴趣和需求，同时注重与受众的互动和受众的参与，增强受众的黏性。除了内容的策划，直播的呈现形式也非常重要，图文并茂、多样化的内容呈现形式能够提升直播的观赏性和趣味性。此外，你还需要不断学习和吸取优秀主播的经验，提升自己的内容创作能力。

每个人都能实现的副业变现

第三节

漫漫直播路，从刚开始问题百出的首播，到慢慢练习逐渐熟练；从开始的直播间 0 人在线，再到直播间在线人数不断打破自己的纪录……我们会经历各种各样的瞬间，有鼓励、支持和温暖，也有怀疑、打击和失落。

前文讲了为什么要从短视频和直播开始，也讲了谁适合做，以及怎么做，接下来我们看几个具体的案例，看看他们是怎么通过短视频和直播，用一部手机做到粉丝千万的。或许发生在这些人身上的故事，就像你和我的日常，做短视频和直播这件事情，也真的没有大家想象的那么难，我们会在各种挫折中不断吸取经验，找到适合自己的直播技巧和方法。

希望过来人的经验和方法能够给你传递一束光，帮助你少踩一些坑，助你拾级而上。

一、初中肄业的他，通过直播带货还清债务，实现百万收入

王友，1983 年出生，初中肄业后步入社会。早期尝试的职业如卖切糕、修理家电和吉他弹唱等都未能为他带来稳定的收入。最终，王友选择了摄影，并通过自学和努力成为一名资

深摄影师。然而，随着行业变化，他的摄影业务逐渐萎缩，经济状况陷入困境。

面对职业瓶颈和经济压力，王友没有放弃。他在刷抖音时被樊登老师的内容吸引，决定加入帆书进行系统学习和自我提升。在家中改造的小仓库里，他一边学习木工，一边探索新技能。然而，木工的收入微薄，无法解决他的经济问题，但这段经历让他明白了不断学习和自我提升的重要性。

2022 年，王友了解到"主播爆炸营"课程，尽管学费对于当时的他来说压力有些大，但他仍决心报名学习。通过卖掉木工设备筹集学费，他顺利地开始了课程学习。在学习过程中，王友充分发挥多才多艺的优势，从拍摄、剪辑到弹唱和发声，让他在课程的学员中脱颖而出。经过 14 小时的努力，王友完成了一条 5 分钟的视频作业，并在试播中获得了"优秀学员"称号。

尽管一开始未被选为签约主播，但王友通过自己的努力最终被帆书签约为主播，并迅速成长为高级主播，实现了月入过万的目标。他不仅成为帆书的签约讲师，还在帆书的爆款课程中担任授课老师。通过不懈的努力和学习，王友成功地还清了 20 万元的债务，实现了经济独立，为家人提供了更好的生活。

王友的经历告诉我们，尽管起点低，但是只要坚持不懈、不断学习，就能通过努力找到成功之路。他的故事不仅展示了个人奋斗的艰辛，也证明了学习和自我提升的重要性，他也成为了追求梦想者的榜样。

二、软件测试工程师晓豪，性格内向的人一样可以做直播

晓豪是一名性格内向的职场人，是帆书短视频直播实操营第27期的学员，平时从事软件测试工作，从未尝试过短视频和直播带货。2023年6月底，他决定进入短视频直播实操营，通过不懈的努力，他的账号积累了一定量的粉丝，并开始产生一些收益。

截至目前，他抖音带货的商品交易总额（Gross Merchandise Volume，GMV）累计达到8万元，总佣金收入也超过2万元。他的抖音账号主要分享读书心得，从2023年8月底结营并获得帆书分销权后，他开始尝试直播。

刚开始时，他的直播间的观看人数并不多，但他并没有放弃。通过学习抖音运营，观看成功的带货案例，他试图找到适合自己的方法，坚持每天更新内容，与受众互动，逐渐积累了一批

忠实粉丝。

晓豪在直播中遇到了很多挑战，最大的挑战是他的内向性格。面对镜头时，他总是感到紧张和不自在，很难自如地表达自己的想法。为了克服这个难题，他在直播前做好充分准备，加强自己对产品的了解，以确保能够准确、专业地回答受众的问题。

在选择商品时，他注重产品的质量和口碑，以及与受众需求的契合度；在建立信任关系方面，他在直播间与受众真诚互动，分享自己的读书心得和学习经历；在提高转化率方面，他通过优惠活动、限时抢购等方式激发受众的购买欲望。这些努力让他在直播中更加从容，更加自信，这也增强了粉丝对他的信任。

所以，无论你的性格内向还是外向，只要对直播充满热情和信心，并付出努力和时间，就一定能够取得成功。不要被暂时的困难打败，要勇敢地面对挑战并不断尝试和探索新的方法和技巧。每个人都有自己的独特之处，关键在于要发现并利用这些特质吸引受众。不要害怕挑战自己，也不要害怕失败，因为每一次尝试都是一次学习和成长的机会。

三、大晨子学姐：从零粉起号直播带货不出单到 GMV 超万元

大晨子是一位 80 后，医学专业毕业后在一家部队三甲医院工作了五年。然而，她并不满足于这样一眼望到头的职业生涯，决定转行进入媒体行业。之后的十年里，她开启了频繁出差的生活，踏遍了祖国的大江南北，甚至涉足海外，虽然辛苦但也乐在其中。然而，她在全球 500 强的一家外企工作时，却遭遇了职场瓶颈，离职后重新找工作并没有想象中的那么轻松。在两年的时间里，她换了两三家小公司，都不太如意。最终，她决定创业。

2023 年 11 月 23 日，她开始了在帆书的学习之路，在直播短视频实操课中表现优异，成为优秀学员，并在直播 PK 赛中获得营级总冠军。随后，她进入了主播训练营深造，并在 2024 年 3 月 15 日举办的第 10 期樊登亲授主播创造营中顺利签约。从入局到获得官方身份，她仅用了 3 个月的时间。

2024 年 4 月 8 日，她参加了"4·23"达人挑战赛，这是她第一次真正直播带货。在此之前，她已经进行了 77 场内容场直播，但没有进行变现。她用一个搁置了一年半的账号进行直播，只有不到 900 个粉丝，其中"低活粉"占比高达 60%。

即使是这样一个非优质账号，她在挑战赛中也取得了销售额破万元的成绩，获得了第二名，成功签约了她向往的帆书平台。

这一路走来，她经历了许多不可思议的事情。老账号清理完不活跃的粉丝后，她按照课程进度发过一些短视频，但播放量从未超过 500。2023 年 12 月 7 日，她开启了第一次直播，在线人数一度不到 5 人，她也认为这个账号"有问题"。

于是，2024 年初，她重启了一个新账号，每天 6:30 起床直播，做到了近百人在线，最低时也有三四十人，一个月涨粉 300 多。回到北京后，由于一些原因她停播了，但在挑战赛中她决定直接带货，启动了老账号。出乎意料的是，老账号的一条视频播放量竟达到了 3.7 万。这说明并不是账号的问题，而是能力的问题。

她反思，没有做不起来的账号，只有不够努力的自己。

在直播电商时代，每个人都拥有前所未有的机会，通过简便易用的技术平台、广泛触达的用户基础和多样化的商业模式，普通人能够实现快速变现的梦想。无论通过展示才艺、分享生活、解答疑问，还是推荐产品、进行互动销售，每一个普通人都可以找到属于自己的舞台。

5

未来可期的副业之选：家庭教育指导师

本章作者：陶海涛

在当今这个快速发展的社会里，家庭教育的重要性越发凸显，它如同一盏明灯，照亮着孩子们成长的道路，也悄然间成为未来社会发展的重要基石之一。作为父母，大家定能深切体会到，一个温馨、和谐且充满爱的家庭环境，对孩子健康成长的重要性。正是这份深情与责任，驱使着越来越多的父母，开始踏上探索专业家庭教育指导的旅程，希望为孩子铺设一条更加宽广、光明的成长之路。

在这样的需求下，家庭教育指导师这一职业应运而生，成为许多拥有教育梦想或深厚教育情怀人士的理想副业选择。这份工作，为家长们提供专业而贴心的教育咨询、个性化的课程辅导以及充满智慧的育儿建议。

对很多人来说，家庭教育指导师这一职业更是有着无可比拟的魅力。它具有高度的灵活性，家庭教育指导师可以在忙碌的育儿生活之余，根据自己的时间安排，灵活地投入这份充满爱的事业。无论是线上温馨的语音交流，还是线下面对面的亲切指导，都能将爱与智慧传递给每一个需要的家庭。

家庭教育指导师不仅是一项能够带来长期稳定收入的副业，更是一个充满发展潜力的领域。随着社会对教育的重视程度不断提高，家庭教育指导师的需求也在不断增长，为那些投身于此领域的专业人士提供了广阔的职业发展空间。让我们一起努力，成为更好的父母，为孩子的未来打下坚实的基础，同时也为自己开辟一条充满意义和价值的副业之路。

大家都该了解的家庭教育指导师

第一节

一、育儿现状

为人父母之前，我们常梦想着与孩子一起成长，共享快乐时光，幻想中的画面总是充满欢声笑语。然而，当孩子从 B 超的影像到呱呱坠地，蹒跚学步，步入学校，我们才会逐渐意识到，现实比我们想象的要复杂得多，家庭教育也充满了挑战。

在孩子幼年时，许多父母会想："现在他还小，长大后一切都会好起来。"例如，孩子不愿意爬行时，父母可能会想，随着年龄的增长，孩子自然就会学会。但孩子成长后，新的问题接踵而至，从入园的分离焦虑到与同伴的冲突，再到午休时的捣乱行为，每一次接到老师的电话，都让父母感到焦虑。孩子的成长问题似乎并没有减少，反而出现了更多、更复杂的问题，这些问题超出了父母的能力范围。

当孩子进入小学，学习压力、社会的竞争以及教育的发展变革，都让许多家长感到压力山大。过去认为有效的教育方法，如简单的命令、威胁或用物质奖励诱导孩子，现在似乎都不再奏效，甚至产生了负面影响。孩子开始学会讲条件，对父母的吼叫也学会了以同样的方式回应。父母发现，与孩子沟通变得越来越困难，亲子关系面临严峻的挑战。

面对挑战、竞争和焦虑，许多家长感到育儿之路变得越来越艰难。然而，正如樊登老师所说："教育不应该是一件苦差事。如果我们在教育孩子时感到疲惫、焦虑、愤怒和痛苦，那么我们的方法一定出了问题，需要改变思路。"

我们开始意识到，过去的方法可能只会导致孩子吼叫和感到不安全。物质奖励可能只教会了孩子讲条件，这一切与我们期望的自主学习背道而驰。当孩子不再接受我们讲的道理时，我们也越来越难以说服他们。

那么，什么样的父母才能教育出"优秀"的孩子呢？这需要我们从根本上改变教育方式。

二、家庭教育指导师的含义

家庭教育指导师是一个新兴的职业，它的出现正是为了应对这个时代家庭教育的挑战和需求。

家庭教育指导师，不仅仅是知识的传递者，更是父母育儿旅程中的向导和伙伴。他们运用教育学、心理学和社会学的深厚理论，帮助我们构建一个充满爱与智慧的家庭环境，引导我们的孩子养成良好的生活和学习习惯，培养他们的德行和责任感，让家庭成为孩子幸福成长的摇篮。

他们的工作内容丰富而多样：从普及家庭教育的法律法规，到传授科学的育儿理念和方法；从指导我们如何履行家庭教育的责任，到帮助我们制订合理的教育计划；从树立优良的家风，到优化家庭教育的环境；从提供问题解决方案和咨询建议，到策划和组织家校社协同育人的活动。每一步，他们都会尽力为父母提供专业的支持和帮助。

值得一提的是，2022年6月14日，中华人民共和国人力资源和社会保障部已经将家庭教育指导师列为18个新职业之一，并预计将其纳入新版的《中华人民共和国职业分类大典》。2024年1月18日，家庭教育指导师的国家职业标准也已经通过了终审，这标志着这个职业的规范化和专业化发展迈出了坚实的一步。

随着社会对家庭教育重视程度的不断提升，家庭教育指导师的作用日益凸显。他们不仅帮助我们提升育儿能力，促进家庭和谐，还对孩子的健康成长，乃至社会的长远发展，都产生了积极而深远的影响。

家庭教育指导师可能在各种环境和场合中工作，无论是在家庭、学校、社区中心，还是在医疗机构、专门的育儿咨询机构，他们都以不同的方式，为家长提供一对一的咨询，或者组织育儿教育讲座和工作坊，传播科学的育儿知识，解答家长的疑惑。

帆书在 2020 年成立了新父母事业部专门研究家庭教育，并启动开展了家庭教育指导师培训，培训课程涵盖家庭教育相关的理论和实战技能，目的是提高家庭教育市场的整体理论水平和技能知识运用水平，培养不同层次的人才。帆书新父母在成立之初，也构建了自己做家庭教育的底层理念：教育的三根支柱，它们分别是新知、成长、爱。这三个词，不仅是帆书新父母的 Slongan（宣传语），也是我们一站式解决新父母育儿需求的三条产品线，更是新父母带领大家实践教育使命的路径。

新知：从发觉到唤醒

第一阶段：唤醒父母对家庭教育的重视，引导父母通过图书、在线课程、直播等形式，学习和认识父母在孩子成长过程中的重要性、家庭教育的重要性，建立正确的家庭教育观念和意识，避开误区和盲区，了解成为父母应该具备哪些能力。

成长：从学习到练习

第二阶段：重点帮助父母从理论知识的认知到行为意识的训练和强化，通过社群育儿圈子、育儿陪跑训练营等，让父母把知识和理念转化为实践，从一点点改变做起。

爱：从认知到能力

第三阶段：学习了知识，建立了意识，最终要应用于每日的生活实践。但是没有爱的能力，再多的育儿知识也只能引发更多的忧虑；没有爱的能力，父母再想教好孩子，也只能"爱娃在心口难开"。

很多人都需要的家庭教育指导师

第二节

一、成为更好的父母

要教育出优秀的孩子，我们首先需要理解生命，然后进行教育。许多家长在教育孩子时感到困惑和失望，因为他们投入了大量的心血和资源，但孩子的表现并不总是符合他们的期望。培养孩子是一个复杂的系统工程，微小的输入变化可能导致巨大的输出差异。

生命不是机器，不能以机械的方式去教育和塑造。如果我们试图以对待机器的方式教育孩子，孩子就会失去生命力，变得缺乏主动性、判断力和爱等生命底层最重要的特质。

在家庭教育中，如果我们把孩子当成机器培养，就会感到非常疲惫，孩子也会感到非常痛苦，教育效果就会非常糟糕。相反，我们应该理解教育孩子实际上是陪伴一个生命慢慢成长的过程。

在现实中，许多家长虽然读了很多书，学习了很多方法，但在日常生活中往往难以付诸实践。因为孩子是一面镜子，能够精准地反映我们自己需要面对的人生课题。从知道到做到需要我们具备核心的育儿能力，而这些能力往往是我们从小到大的教育中所缺失的。

我们应该直面自己的内在创伤，重新疗愈自己，在陪伴孩子成长的过程中实现自我成长。在这个过程中，我们需要学习教育常识，了解孩子的发展规律，同时培养沟通和情绪管理等核心教育能力。

能够培养出优秀孩子的父母，是那些回归生命本身，理解生命，把教育孩子当作陪伴孩子成长和自我疗愈的过程，不断学习教育常识，培养教育能力，能够爱孩子并有能力表达爱，让孩子感受到爱，保持终身成长的父母。当然，并非所有的父母都能做到这些，这时，便需要一位家庭教育指导师的帮助。

家庭教育指导师可以帮助父母学习如何更好地管理自己的情绪，以及在与孩子的交流中如何保持耐心，理解孩子。他们会教授有效的沟通技巧，如积极倾听、非暴力沟通等，这些技巧有助于建立亲子之间的信任和尊重。通过这些方法，父母可以更有效地表达自己的期望和感受，同时鼓励孩子也这样做，从而减少冲突，增进理解和合作。

在孩子成长的过程中，父母需要引导孩子形成良好的行为习惯和规范。家庭教育指导师可以提供具体的策略和方法，帮助父母设定合理的家庭规则和界限，以及如何一致地执行这些规则。他们还会教授如何使用正面的方法，如奖励和鼓励，而不是惩罚，以此激励孩子遵守规则。这样的方法有助于孩子内化规则，而不是仅仅因为害怕被惩罚而遵守。

家庭教育指导师还可以在孩子的学习支持和教育规划方面提供帮助。他们可以帮助父母了解孩子在不同成长阶段的学习需求，提供符合孩子年龄和兴趣的学习资源和活动。此外，家庭教育指导师还可以帮助父母制定教育目标，比如提高孩子的阅读能力、数学成绩或科学知识储备量，并提供实现这些目标的具体步骤和方法。通过这些支持，父母可以更有效地参与到孩子的学习过程中，帮助孩子在学校和家庭中都取得成功。

在这一过程中，父母也会逐渐学习这些方法和知识，也可能会成为自己社交圈中的育儿榜样。这样就可以用我们的行动去积极影响并带动周围的人共同进步。每个家庭都是社会的基石，只有当每个家庭都健康和谐时，社会才能真正实现进步与发展。让我们从自己做起，从家庭出发，用实际行动去践行育儿的智慧与爱，确保每个孩子都能在阳光下快乐成长。

二、赋能他人：帮助更多的父母成长

当我们掌握了丰富的家庭教育知识，并成功地将其应用于自己家庭的成长并获得幸福，我们便有机会成为一名合格的家庭教育指导师。然而，这份知识和经验不应局限于我们自己的家庭。我们可以通过分享、实践，甚至是举办社区公益讲座，来帮助更多的父母成长。

每个孩子背后都有希望他们成才的父母，但并非所有父母都清楚如何正确地引导和教育孩子。这正是越来越多的人开始关注家庭教育，寻求专业人士帮助的原因。通过家庭教育指导师的赋能，父母们可以参加育儿讲座、工作坊，甚至家庭育儿咨询活动，以解开养育中的困惑，提升养育力。

我们要坚信，父母都是爱孩子的，只是有时候他们不知道如何表达这种爱，如何将这种爱转化为有效的教育方式。作为家庭教育的专业人士，家庭教育指导师任务是利用知识和经验，去点亮他们的育儿之路，帮助他们成为孩子最好的引导者和支持者。

我们更加倡导，合格的父母应该是孩子人生路上的教练，在孩子跃跃欲试、勇敢追求梦想的时候，能够给予其正确的引导和坚定的支持。通过这样的方式，我们不仅能帮助一个个家庭，还能为孩子的全面发展和未来的成功奠定坚实的基础。

三、成为带娃明星：在圈子里树立榜样

我们在不断学习、成长，帮助其他父母的过程中，会自然而然地成为自己社交圈中的育儿达人。成为这样的"明星"并不是为了炫耀，而是为了通过实际行动影响和激励周围的人一起成长和进步。

无论在朋友聚会、家长会还是社区活动中，我们都可以分享自己的育儿经验，讲述自己在育儿旅程中遇到的问题和解决方案。通过这样的分享，可以让更多的父母认识到育儿的重要性，并且更愿意去学习和提升育儿能力。

成为育儿达人意味着要以身作则，用自己的实际行动去影响他人。我们需要持续学习，不断提升自己的育儿技能，同时也要保持谦逊，与其他父母进行交流和学习。

作为育儿达人，这不仅是个人的荣誉，更是一种责任。我们需要始终保持谦逊，不断学习，提高自己的育儿水平。同时，我们也要关注周围的父母，帮助他们解决育儿过程中的难题。通过我们的共同努力，可以让更多的孩子在充满爱和关怀的环境中茁壮成长。

此外，我们还可以通过社交媒体平台，如微信公众号、抖音、小红书等，分享我们的育儿经验和心得。我们可以制作育儿视频，撰写文章，分享案例，让更多的父母受益。通过这些渠道，我们不仅能够帮助他人，也能够进一步巩固和提升自己的育儿能力，形成一个学习和成长的正向循环。

我们都可以成为家庭教育指导师

第三节

一、四步走向职业化

成为家庭教育指导师是一条既充满挑战又极具成就感的职业道路。这一过程可以划分为四个阶段，每个阶段我们都扮演着不同的角色，逐步深化对家庭教育的理解和实践。

阶段一：接触者

在这个特定的时期，我们开始对家庭教育和育儿领域表现出浓厚的兴趣。我们可能是刚刚成为父母的新手，或者是一些对教育充满热情的个体。作为初学者，我们开始积极地探索家庭教育的广阔天地，通过阅读各种图书、参加各种讲座和研讨会、浏览相关的网站和社交媒体平台获取丰富的信息和知识。我们可能会加入一些家长群、育儿论坛等共享圈子，以便与其他家长交流心得和经验。此外，我们还可能参加一些教育研讨会和专业培训课程，以便与教育领域的专业人士进行深入的交流和学习。在这个阶段，接触者的主要目标是建立起对家庭教育的基本认知，为未来的育儿实践打下坚实的基础。

阶段二：学习者

随着对家庭教育的初步了解，我们开始进入学习者阶段。在这个阶段，我们开始系统地学习家庭教育的理论知识和实用技巧。其中包括儿童发展心理学、教育学原理、沟通技巧和行为管理策略等。我们需要投入大量的时间和精力，通过参加工作坊、学习在线课程、阅读专业图书和研究论文不断充实自己的知识库。此外，我们也会开始实践所学，比如在家中与孩子互动时尝试应用新的教育方法。

在这个过程中，我们会逐渐学会如何更好地理解孩子的心理需求，如何运用教育学原理设计适合孩子的学习计划，以及如何通过有效的沟通技巧建立良好的亲子关系。我们还会学会如何制定和执行行为管理策略，以帮助孩子养成良好的行为习惯。通过这些学习和实践，学习者将逐步提升自己的家庭教育能力，从而为孩子的健康成长提供更有力的支持。

阶段三：受益者

在积累了一定量的家庭教育知识，掌握了各种教育方法后，我们会逐渐感受到这些知识和方法带来的益处。在这个阶段，重点在于将所学的理论知识转化为具体的行动，将学到的教育技巧应用于日常生活。我们会开始在自己的家庭中尝试运用这些教育策略，观察孩子的行为是否有所改变，并根据孩子的反应和变化调整自己的教育方法，以适应不同的教育情境和需求。

在这个过程中，我们可能会通过记录自己的实践经验进行反思和总结，以便更清晰地看到教育过程中的成功之处和不足之处。通过这种方式，我们能够不断地优化和改进自己的教育方式，使其更加符合家庭和孩子的实际情况。作为家庭教育的受益者，我们能够亲身感受到通过科学的家庭教育带来的积极影响，比如孩子的行为变得更加规范和积极，家庭关系变得更加和谐和融洽。这些积极的变化不仅能够提升家庭的整体幸福感，还能够为孩子的健康成长创造一个良好的环境。

阶段四：分享者

在最终阶段，我们会逐渐转变成一个分享者。在这个过程中，我们不仅在自己的家庭内部实践和推广家庭教育的理念，还能将自己积累的经验和知识无私地分享给更广泛的群体。我们可能会选择在社区中心、学校、各类教育机构，甚至是线上平台等不同的场合，通过举办演讲、研讨会和工作坊等形式，向其他家长和教育工作者传授家庭教育的核心理念和实用技巧。通过这些活动，我们可以帮助更多的人理解家庭教育的重要性，并掌握有效的教育方法。

此外，我们还可以利用各种现代传播工具分享自己的见解、经验和感人的故事。这些生动的案例和深刻的思考，可以激励和启发更多的人关注家庭教育，认识到其在儿童成长过程中的关键作用。通过这些分享，我们希望能够影响更多的人，促使社会各界共同努力，营造一个更加理解、支持和关爱儿童成长的社会环境。这样的努力不仅有助于提升家庭教育的整体水平，还能为孩子们创造一个更加健康、和谐的成长空间。成为家庭教育指导师的整个过程是逐步深入的过程。从最初的接触和了解，到系统学习，再到实践和反思，最终分享和启发他人，每个阶段都是不可或缺的。通过这个过程，我们不仅能够提升自己的教育能力，还能够为社会作出积极的贡献，帮助更多的家庭实现教育的目标。

二、加入帆书"新父母"，成为家庭教育指导师

从我们选择成为父母的那一刻起，我们的人生便与一个新生命紧密相连，这份联系是一种责任与使命。我们的角色不再单一，我们既是孩子们的守护者，也是他们步入世界的引路人和启蒙者。然而，育儿之路并非一帆风顺，它要求我们具备广博的知识、无限的耐心和深沉的爱，这些品质共同塑造着孩子们的成长环境。

为了更好地诠释这一角色，我们必须不断地充实自己，提升育儿的技巧和智慧。加入帆书"新父母"，参与我们精心设计

的家庭教育指导师课程，这将是你成为优秀父母的重要一步。我们的课程不仅涵盖了理论知识，更重视实践能力的培养，帮助你在育儿的旅途上做到从容不迫。

在帆书"新父母"的家庭教育指导师项目中，我们提供个性化的一对一教练指导，专业的家庭教育咨询服务，并定期举办的线下父母大课。通过与资深教育专家的互动，父母们能够探索和掌握真正适合自己的育儿方法，及时调整教育策略，学到丰富实用的案例分析和操作工具。这不仅有助于父母们培养正确的爱孩子的方式，更能避免在育儿过程中走入极端，既不会过度溺爱孩子，也不会忽视孩子的真实需求。

此外，帆书"新父母"项目还致力于通过认证培训课程，为中国家庭培养一批真正理解家庭教育精髓、具备实战育儿能力的"新父母实战讲师"和"家庭教育指导师"。这些专业人士将深入家庭生活，直面并解决实际问题，督促父母们为了孩子的成长去学习、去改变，从而提升自己作为父母的重要能力。

我们的团队坚持不贩卖焦虑，我们所提供的是实用、接地气的育儿方法。在引导学员发展职业和实践教育使命的过程中，我们注重实效，避免空谈，一步一个脚印地前进。我们深信，家庭教育的伟大不仅仅在于远大的理想和梦想，更在于能够引导父母一步一步发现问题、解决问题。父母的自我提升和成长一定可以带动孩子的全面发展，逐渐改善一个家庭的氛围，影响一代人，甚至在未来几代人中传承下去。

三、家庭教育指导师的副业机会

在家庭教育领域，家庭教育指导师的就业机会是非常丰富的，涉及社区、学校和专业机构等多个层面。下面我们一起看看如何获得这些机会。

1. 就业机会的全面拓展

家庭教育指导师的角色在社区、学校和专业机构中日益受到重视。

在社区层面，家庭教育指导师可以成为育儿知识和家庭教育策略的传播者。 他们可以通过举办讲座、研讨会或工作坊，与家长分享科学的育儿方法和家庭教育策略。这不仅需要家庭教育指导师持有相关证书，还需要他们具备出色的沟通能力和教育热情。

学校是家庭教育知识传播的重要基地。 家庭教育指导师可以通过参与家长会、学校教育活动或作为特邀讲师，为家长提供专业的育儿指导和家庭教育建议。这种合作有助于搭建学校与家庭之间的桥梁，共同促进孩子的全面发展。

家庭教育相关的专业机构经常需要专业人才。无论作为讲师传授知识，还是担任咨询顾问、课程开发者等角色，这些职位都为家庭教育指导师提供了广阔的职业发展空间，使他们能够在专业领域不断深化和拓展自己的知识和技能。

2. 获取就业机会的途径

为了有效地获取这些就业机会，我们可以采取以下方式。

对社区资源进行整合。家庭教育指导师可以与社区居委会等组织建立联系，了解社区对家庭教育的需求，并积极参与社区教育项目。这不仅有助于专业人士展示自己的专业能力，也有助于建立社区内的教育网络。

多在家长群互动。家庭教育指导师可以在家长群中主动制造分享和交流的机会，展示自己的专业知识和教育热情。这种互动有助于建立信任关系，为未来的合作打下基础。

合理利用网络资源。家庭教育指导师可以利用互联网资源，搜索和关注与家庭教育相关的就业信息；积极参加相关的网络论坛和社群，扩大自己的职业网络，同时也可以通过在线平台提供远程咨询服务，拓宽服务范围。

3. 帆书为家庭教育指导师提供的机会

在帆书，我们深知每一位学员都有其独特的才华和潜力。为了帮助学员们实现个人职业发展，我们提供了一系列的内部机会，旨在通过多维度的培训和实践机会，让学员们能够在职场上快速成长和成功。

帆书的内部机会主要分为三个核心部分：官方专项技能训练营、官方选拔赛事和个人发展赋能课程。官方专项技能训练营是一个系统化的技能提升平台，通过专业的培训课程，帮助学员掌握必要的职业技能，为上岗做好充分准备。官方选拔赛事是通过各种比赛，学员可以展示自己的才华，获得认可和晋升的机会，同时还能通过实践检验和提升自己的技能。个人发展赋能课程旨在帮助学员拓宽视野，学习先进的经验和方法，从而更好地发挥自己的优势，并在实践中不断进步。

通过这些机会，帆书不仅为学员提供了学习和成长的空间，更为他们搭建了一个展示自我、实现梦想的舞台。我们相信，通过帆书的培养和支持，每一位学员都能够在职场上找到自己的位置，实现个人价值的最大化。

四、用户故事分享

1. 女企业家持续学习成为圈子中的明星妈妈

忠梅老师有两个儿子，大儿子 20 岁，正在上大学；小儿子 7 岁半，刚上小学。忠梅老师是区女企业家商会的会员，与众多母亲共同成长，成为育儿的佼佼者。

2019 年，忠梅老师接触到帆书，开始阅读学习育儿图书，包括《你就是孩子最好的玩具》等，总计超过 400 本。这些图书不仅涉及育儿主题，也包括了其他主题。忠梅老师意识到自己在与孩子的沟通和情绪控制上需要改进，开始学习接纳与真诚道歉。忠梅老师的学习和实践给她带来了显著的进步，她的孩子也发生了积极的变化。

2023 年 5 月，忠梅老师决定系统学习帆书新父母课程，并在 7 月顺利毕业。忠梅老师特别注重孩子的全面发展和情感需求，而不是一味地追求成绩。儿子的进步和亲子关系的改善，与她将学到的知识和理念应用于实践息息相关。

忠梅老师的故事证明了，通过不断的学习和努力，每个人都能够实现自我成长，影响并帮助周围的人。她的经历鼓舞了许多人，也展现了作为一位母亲和女性企业家的力量和魅力。

2. 全职妈妈成为机构头部知识主播

在成为全职妈妈之前，娜娜是一位独立自主、勇于探索的职场女性。她与帆书新父母学堂结缘，始于她组织的一次父母工作坊活动。

娜娜乐于将从书中学到的育儿知识分享给其他新手父母，逐渐形成了定期的父母工作坊。她的分享不仅受到大家的欢迎，还曾帮助一个家庭走出困境，这让娜娜产生了巨大的成就感。这段经历也坚定了她成为家庭教育讲师的决心，并在帆书新父母学堂找到了志同道合的伙伴。

娜娜在帆书新父母学堂担任讲师、课程研发人员和知识主播，不断挑战着自我，丰富了人生经历，也提高了生活质量。加入帆书新父母学堂以来，她每周工作 2 ~ 3 次，每次 3 ~ 4 小时，累计收入已超过 10 万元。她的目标是利用自己的专业知识，支持和陪伴更多的个人和家庭成长，帮助更多热爱家庭教育的家长和讲师实现职业转型，让爱与温暖在每个家庭中传递。

3. 幼儿园园长在校内推广家庭教育指导师

在加入帆书新父母学堂之前，涛涛是一位拥有 29 年教育经验的幼儿园园长，同时也是一位 22 岁阳光男孩的母亲。她曾陪伴无数父母战胜育儿的艰辛，见证了孩子们的成长。加入帆书新父母学堂后，涛涛将多年的教学经验与家庭教育理念相结合，以更系统、实用的方式传授给家长，实现了家庭与校园教育的互补。

涛涛在帆书新父母学堂结识了许多优秀的同伴，获得了巨大的流量支持。加入帆书新父母学堂以来，她在 6 个月内影响了近 400 人加入。获得家庭教育实战讲师专业认证后，涛涛开始担任推广大使，获得了 2 万元以上的分佣收益。对她来说，加入帆书新父母学堂不仅带来了可观的副业收入，还提供了自由的工作时间，对她的专业发展和个人品牌建设都有很大的帮助。正如涛涛所说："签约不是终点，而是家庭教育事业新篇章的开始。"

4. 银行职员把热爱的事情做成事业

荣荣是一位三线城市的银行职员，与丈夫过着平凡而幸福的生活。2018 年，随着一对龙凤胎的诞生，她的生活发生了翻天覆地的变化。面对新身份的挑战，她首先遇到了教育问题。儿子 5 个月大时不小心着凉而感冒，她不得不将女儿送到奶奶家，导致女儿断奶并出现了与母亲分离的焦虑。儿子 2 岁时的叛逆行为，更是让她感到困惑和无助。这些育儿的挑战让她开始反思自己的教育方式。

除了教育问题，家庭支出的增加也给她带来了压力。从简单的生活转变为精打细算，她不得不在孩子的教育和家庭旅行上作出权衡。面对这些现实问题，荣荣感到焦虑和迷茫。

然而，荣荣并没有放弃。她通过帆书接触到了育儿知识，虽然这些知识帮助她减少了一些焦虑，但并没有解决根本问题。直到她接触到家庭教育指导师的概念，她内心的希望被点燃了。尽管报名时因为学费而犹豫，但在家人的支持下，她最终决定投身于这一领域。

在学习过程中，荣荣面临时间和精力两重挑战，她一度怀疑自己，甚至想要放弃。但是，儿子的一句话让她重新找回了信心，她意识到自己的行为已经对孩子产生了积极的影响。调整心态后，她利用早起和晚睡的时间沉浸式学习，并在个人试讲环节中不断进步，最终顺利毕业并成为践行讲师。

荣荣的努力得到了回报，她不仅在家庭教育领域取得了成就，还通过担任助教和组长等职务，获得了经济收入。更重要的是，她的孩子和家人都发生了积极的变化。女儿变得更加大方和自信，儿子也变得更加有责任感。荣荣的丈夫和家人都对她的教育方式表示认可，整个家庭的氛围变得更加和谐。

在新父母团队中，荣荣也感受到了被赋能和被滋养。她帮助学员解决育儿难题，分享组员的喜悦，家人的认可以及幼儿园老师的邀请，这些都让她深知自己的成长和进步。她的故事告诉我们，面对挑战，只要有决心和努力，就一定能够克服困难，实现自我成长和家庭的和谐。

5. 全职宝妈从风雨飘摇到坚定前行

晓云是一位来自东北小城市的 70 后女性，她的生活原本平静而有序，但随着母亲患癌和女儿的出生，她的生活遭遇了重大挑战。面对家庭和育儿的双重压力，晓云经历了一段艰难的时期，她曾感到迷茫和无助，甚至怀疑自己是否适合做母亲。

在女儿 5 岁时，晓云发现女儿出现了抽动症状，这让她更加焦虑。医生的诊断和建议让她意识到，作为母亲，她需要放松，不要过度强化孩子的抽动症状。这次经历促使晓云开始反思自己的状态，并逐步觉察到自我状态的重要性。

为了缓解焦虑，晓云重新投入工作，并在朋友的推荐下接触了帆书。通过阅读和学习，晓云逐渐找到了自我成长的力量。她的生活态度发生了积极的变化，笑容增多，心态变得更加豁达和坚定。晓云的这些改变也感染了她的女儿，女儿也变得更加活泼自信。

晓云意识到，作为母亲，她需要为孩子树立榜样。她不再过度干预女儿的成长，而是让女儿自由地发挥自己的潜力。晓云的努力不仅改变了自己，也影响了家庭的氛围，甚至让她的丈夫也开始更加积极地参与育儿。

晓云的丈夫最初并不支持她学习家庭教育，但在看到晓云的改变后，他的态度发生了转变。他开始主动学习家庭教育知识，并与晓云在教育理念上达成共识。这种变化为家庭带来了更大的正能量。

晓云的女儿在升入初中后遇到了新的挑战。尽管她在小学成绩优异，但初中的学习节奏和压力让她感到不适应。晓云和女儿一起制订了学习计划，并在女儿遇到困难时给予了支持和鼓励。最终，女儿通过自己的努力，在期中考试中取得了优异的成绩。

晓云的故事告诉我们，真正的成长来自行动和改变。她通过自我学习和成长，不仅改善了自己的生活状态，也给家庭带来了积极的影响。

6. 全职宝妈 10 倍速成长的秘密

静静是帆书新父母讲师认证营第 2 期的优秀毕业生，同时也是帆书平台的签约主播。她以学姐的身份分享了自己学习家庭教育后的显著变化，这些变化主要体现在个人成长和家庭关系的改善上。

一年前，静静是一位患有产后抑郁症的宝妈，体重达到 180 斤，极度缺乏自信，与社会脱节，与丈夫的关系也变得紧张。她感到全世界都在与她作对，自己变成了曾经最讨厌的那种人。然而，一次偶然的机会，她听到了帆书上的《人生只有一件事》，书中的观点让她开始反思，意识到只有把自己活好了，周围的一切才会变好。

静静开始努力改变自己，她没有给自己找借口，而是全力以赴备考一级注册消防工程师，最终成功拿到了证书。这一成就让她意识到，只要想改变，就一定可以做到。她开始走出家门，想去上班，并在帆书服务中心找到了工作。在那里，她接触到许多家长，这坚定了她深入学习家庭教育的决心。

静静报名参加了帆书平台的家庭教育课程，尽管最初她对专业知识一窍不通，但她没有放弃。她通过不断的学习和实践，逐渐成为一名备受认可的家庭教育讲师。她的成长不仅让自己变得更加自信，也给她的家庭带来了积极的影响。

静静学习家庭教育后，对孩子的行为有了更深刻的理解。她学会了如何更好地与孩子沟通，如何鼓励和支持孩子的成长，而不是简单地批评和指责。这使得孩子在学校的表现有了明显的改善，从一个经常被批评的孩子变成了成绩优异的学生。同时，静静自己也养成了阅读的习惯，这种习惯也影响了她的孩子们，使他们也爱上了读书。

静静回顾自己的成长经历，总结出几点心得：不找借口，大胆尝试，选择合适的平台，坚持深耕。她认为，选择正确的平台可以放大努力的结果。她的故事鼓舞了许多人，她用自己的座右铭"育儿先育己，让自己变得更好，是解决一切问题的关键。"来鼓励大家，希望每个人都能活出更好的自己。

7. 全职爸爸从草根父亲到新父母讲师

一飞，生活在河北最北端的一个偏远县城，是一位普通的父亲。他没有高学历，生活简单而朴实。在他的儿子还小的时候，这位父亲像大多数父亲一样，忙于生计，认为家庭教育主要是母亲的责任，自己只需要赚钱养家。

然而，一次偶然的机会，他在短视频中听到了樊登老师讲述与出租车司机的对话，这让他开始思考。他回想起自己在帆书平台上听到的关于育儿的图书，突然间意识到父亲在孩子成长过程中的重要性。于是，他开始阅读育儿图书，尝试着按照书中的方法更好地陪伴孩子成长。

他通过碎片化的学习，凭借自己的悟性和一些好运气，把孩子培养成了其他家长羡慕的样子。但当孩子进入青春期，他意识到自己可能已经跟不上孩子成长的步伐。这时，他在抖音上看到了帆书家庭教育实战讲师认证营的信息，这让他眼前一亮——这不仅是一个系统学习家庭教育理论的机会，也是一个成为讲师、帮助更多家庭的机会。

他被这个想法深深吸引，脑海中浮现出自己站在讲台上，家长们热烈鼓掌的场景。他心动了，基于对樊登老师的崇拜和对帆书的信任，他果断地报名参加了训练营。2023年4月，正是他儿子备战中考的关键时期，他决定在这个重要时刻，与儿子一起努力奋斗。

他进行了为期一个月的高强度学习和练习，他的儿子看在眼里，也记在了心里。5月，他以优异的成绩毕业，并积极报名新父母提供的助教岗位。7月，他收到了帆书新父母签约讲师的邀请，而他的儿子也获得了保送省重点高中的机会。在那一刻，他们做了一个约定：三年时间各自努力，三年后顶峰相见。

他要在家庭教育的路上继续精进，去影响更多的家庭，照亮更多的家庭。他体会到用科学的方法教育孩子，家长会越来越轻松，孩子会越来越幸福。这个想要赋能儿子的初心，也给他的人生带来了新的方向。当他加入新父母的讲师团队后，他告诉儿子："老爸四十多岁了，终于找到了自己热爱的事情。"

他没有做讲师的天赋，性格内向，不善言辞，普通话也不标准，更没有高学历的支撑。但他坚信，只要把每一个当下做好，把每一次的试讲练好，把每一个任务完成好，就能在这个能量场中持续赋能。现在，他成为帆书新父母的一名家庭教育指导师，让当初脑海中的画面变成了现实。

一飞特别感谢樊登老师和帆书新父母，希望他的故事能给大家带来力量。最后，他分享了一句他特别喜欢的话："成长无界限，教育无止境。"

我们想说，对家庭的深刻理解和对家庭教育的执着追求，是我们共同的信念和行动的源泉。家庭不仅是每个人心灵的港湾，更是塑造人格和价值观的第一课堂。家庭教育，这个生命影响生命、心灵触动心灵的奇妙过程，伴随着我们成长，它赋予我们探索世界的钥匙，照亮我们前行的道路，让我们在爱与力量中成长。

在帆书新父母学堂，我们深信"幸福的童年治愈一生，不幸的童年用一生治愈"。我们致力于唤醒父母内在的育儿智慧，为孩子打造一个幸福的童年。这不仅是中国家庭教育工作的使命，也是我们每一位"新父母人"的责任和追求。

新父母的员工每天都被学员们的热情和认真激励，被每一位在忙碌生活中仍不断自我提升的家长感动。在新父母，学员们渴望加入家庭教育的事业，无论成为讲师、教练、学习顾问还是运营，他们都希望通过自己的努力传播知识，服务和影响更多的家庭。

作为已经或即将踏上家庭教育从业征程的践行者，在新父母的这段路程，不仅是学员提升自己的学习之路，更是预备自己走进这个事业的修心之旅。作为"新父母人"，我们肩负着重要的使命，我们要让大家真正理解、内化、实践知识，在专业上站稳脚跟。

同时，我们更要带领大家练就一颗教育者的心，让大家在未来面对复杂且实际的家庭教育问题时，能够拨开云雾，由表及里，从根源上解决问题。我们深知，我们要带领学员去面对的，不仅仅是某项技能学习的结果，更是在这个快节奏的时代里一个个需要被关心的生命。

在这个过程中，我们要学会快与慢的平衡。快，让我们保持热情和激情，不掉队；慢，让我们潜下心去倾听和包容，积蓄内心的力量。我们相信，家庭教育指导师这个行业会越来越好，但我们更期待大家在这段旅程中完成自我成长。让我们一起踏上这段意义非凡的旅程，用爱和智慧点亮家庭教育的明灯，为孩子们的幸福童年，为我们共同的未来，贡献自己的一份力量。

第六章

6

低风险做副业的
心态准备

本章作者：孟磊

在人生的旅途中，每个人都会遇到各种挑战和困惑，尤其是在中年时期，当职场压力和生活责任交织在一起时，我们就会感到迷茫和不安。但正是这些时刻成为重新审视自我、探索新领域、实现自我突破的契机。我的故事就是一个很好的例子，这些经历告诉我们，无论处于何种困境，通过"读懂自己""读懂他人"和"自我发展"，我们总能找到属于自己的光芒。

读懂自己，是做副业成功的基石。 它意味着我们要清晰地认识自己的兴趣、优势、价值观和内心的渴望，了解自己的局限性和不足，不断提升自我。在产假归来后，我面临着事业的迷茫。但是我没有轻言放弃，而是勇敢地探索新的领域，最终发现了知识型直播的新兴市场。在这个过程中，我始终保持真诚和学习的心态，这正是"读懂自己"的体现。我认识到自己的优势——作为一名经验丰富的讲师和演讲教练，我拥有丰富的知识和出色的表达能力。通过自我认知，我找到了最适合自己的副业方向，即使在开始时遭遇了失败，我也没有放弃，而是继续坚持和探索。

读懂他人，是做副业成功的关键。 在做副业的过程中，无论与合作伙伴、客户沟通，还是与受众互动，都需要具备良好的人际交往能力。这要求我们能够敏锐地察觉他人的需求和情绪，理解他人的想法和立场，从而建立起信任关系。在我的直播生涯中，我最初尝试了多种内容，但都未能吸引受众。

直到我开始分享自己在心理学课程研发过程中的心得和收获，我的直播间才开始逐渐受到关注。这正是因为我学会了"读懂他人"，才意识到受众需要的是真正有价值的内容，而不是空洞的跟风。通过分享自己的真实体验和心理学知识，我与受众产生了共鸣，从而赢得了大家的信任和支持。

自我发展，是做副业成功的持续动力。 在做副业的过程中，我们应该保持学习的热情，不断吸收新知识、新技能，拓宽自己的视野和领域。同时，也要勇于挑战自我，尝试新的方法和思路，不断突破自己的舒适区，实现自我超越。在直播事业的初期，我经历了多次失败，但都没有停止学习。我通过不断学习和实践，提升了自己的直播技巧和内容质量。当我开始分享心理学知识时，我不仅帮助了受众，也实现了自我成长。无论在哪个领域，持续的学习和成长都是成功的关键。

这是一个关于中年危机、职场困惑和副业探索的故事。无论处于何种困境，我们都可以通过"读懂自己""读懂他人"和"自我发展"找到属于自己的光芒。这个故事也鼓励大家，无论什么年龄，都不应该放弃学习和成长，因为这是实现自我突破和成功的关键。通过不断学习、尝试和调整，我们总能找到适合自己的道路，实现个人的成长和价值。

这十二个字，不仅是对做副业所需心态的精炼概括，也是我们在人生道路上不断前行、追求卓越的宝贵指南。

读懂自己

读懂自己，是一场深入内心的探索。每个人都是复杂而多维的个体，我们的行为、情绪乃至思维模式，都深受过去经历与当前环境的影响。通过自我反思与情绪管理，我们能够逐渐揭开自我认知的神秘面纱，找到那个更加真实、完整且充满力量的自己。

一、认知行为疗法：我与原生家庭的和解

1. 认知行为疗法的含义

在心理学的广阔天地中，有一种方法，它温柔地引导我们走向自我认知的深处——认知行为疗法（cognitive behavioral therapy，CBT）。它不是冰冷的专业名称，而是一位智者，教会我们如何与内心的"小怪兽"和解，如何在情绪的海洋中驾驭自己的小船。

认知行为疗法的核心理念在于，它认为我们的情绪状态并非外界事件的直接产物，而是我们内心深处对这些事件如何解读和认知的结果。换言之，当我们对某件事情持有特定的观点和看法时，这些认知会直接影响我们的情绪反应。因此，通过有意识地调整和改善这些内在的认知结构，我们可以实现情绪

的有效管理和调节。

在实践应用上，认知行为疗法提供了一系列具体而实用的方法。首先，自我监控是一个至关重要的环节。它鼓励我们细致入微地观察并记录自己的行为和情绪反应，以此识别那些频繁触发不良情绪的特定情境。这一过程类似于我们日常生活中的自我反思，但更加系统和有针对性。

其次，认知重构则是一场心灵的"革新运动"。它要求我们勇敢地挑战并摒弃那些不合理或过于消极的自我对话，转而采用更加积极、健康的思维方式来审视自己和周围的世界。这需要我们具备一定的自我觉察能力和批判性思维，一旦成功，我们将能够摆脱负面情绪的困扰，拥有更加乐观和自信的生活态度。

最后，行为实验则是认知行为疗法中的一个重要实践环节。它鼓励我们通过实际行动测试和验证自己的想法和信念，从而积累新的经验和认识。这一过程可能充满挑战和不确定性，但它也是我们成长和进步的重要途径。通过行为实验，我们可以更加深入地了解自己的内心世界和外在环境，进而实现自我提升和情绪管理的目标。

2. 我与认知行为疗法的故事

故事的开始：自我探索之旅

我，一个来自东北的姑娘，身上带着父亲那种倔强的性格，同时也怀揣着对家庭深深的牵挂。初到繁华喧嚣的上海时，我努力地工作，努力地攒下每一分钱。每天的午餐，我选择的是超市里最便宜的馒头。在炎炎烈日下，我一边走一边吃着馒头，这样的生活看似艰苦，但我从未觉得苦涩。因为我知道，家里的亲人更需要这笔钱，父亲更需要我的支持。

然而，每次与父亲的通话，都成了我心中无法言说的痛。电话那头传来他的声音，我的内心就会涌现复杂而矛盾的情绪。我知道我应该尽孝，应该理解父亲的苦衷，但每当他满怀期待地告诉我他又准备尝试做什么生意时，我就会不由自主地感到崩溃。

心理学的救赎：认知行为疗法的启示

直到有一天，我偶然接触到心理学这个神奇的领域，并深入了解了认知行为疗法这一心理治疗手段。它向我揭示了一个重要的道理：在人生的旅途中，我们有时需要允许自己感到不快乐，允许自己在某些事情上无法做到完美。我开始尝试着不再强迫自己定期与父亲通电话，不再让自己在每次通话时都陷入无休止的争吵。在内心深处，我逐渐地开始宽恕自己，放下了那些沉重的负担。

樊老师告诉我们，与父母之间的关系应该是"可分离，常牵挂"的。我开始逐渐理解，父亲和我，我们都在用自己的方式，尽我们最大的努力去生活。我开始尝试着原谅自己，原谅那些曾经的过失和不足。同时，我也开始尝试着原谅父亲，理解他的局限和苦衷。这样的转变，让我感受到了前所未有的轻松和释然。

故事的高潮：直播中的和解

直到那个夜晚，我正在直播，我从未想过会发生这样的事情。我的父亲，那个一直对我的直播毫不关心的人，竟然突然出现在我的直播间。我愣住了，那一刻，我深深地感受到，这或许是命运的安排。在直播中，我谈到了家庭，谈到了理解与宽恕。我认真地说："我们都会埋怨，但也许，我们可以原谅自己，可以放过自己。好的关系，就是可分离，常牵挂。"

我感觉到父亲在听，我告诉他，我已经将所有的埋怨都放下。我在直播中向他传达了我所有的理解和宽恕："爸爸，你尽力了，我也尽力了。"我告诉他，尽管我们之间有过许多误会和矛盾，但我已经释怀了。我理解他的辛苦，理解他的不易，理解他的付出。我也告诉他，我也尽力了，我尽了自己最大的努力去理解他，去体谅他，去爱他。

故事的结尾：心灵的释放

在那一刻，我体验到了一种前所未有的轻松和自由。我清晰地意识到，我与父亲之间的关系已经翻开了崭新的一页。认知行为疗法不仅教会了我如何有效地管理和调节自己的情绪，还让我领悟到如何与我最亲近的人达成和解。这不仅仅是一个关于个人成长和自我提升的故事，更是一个关于理解、宽恕与和解的旅程，一个关于如何深刻地认识自己，如何与这个纷繁复杂的世界和平共处的故事。

这个故事，虽然源自我的个人经历，但它同样适用于每一个在自我探索和心灵成长之路上努力前行的你。让我们借助心理学的智慧和力量，点亮我们内心的灯塔，照亮我们前进的道路，迎接每一个挑战，拥抱每一个美好的瞬间。

二、正念教养：我与孩子的和解

1. 正念教养的方法和说明

在心理学的丰富宝库中，有一种方法特别适合我们今天要探讨的主题，那就是"正念教养"（mindful parenting）。这是一种以正念为基础的育儿方法，它鼓励父母在与孩子的互动中保持觉察、接纳和非评判性的态度，从而促进更深层次的理解和更有效的沟通。

正念教养，它就像一盏明灯，照亮了我们与孩子相处的道路。它告诉我们，无论生活多么忙碌，都要试着去关注现在，感受与孩子在一起的每一刻，不论这些时刻是快乐还是烦恼。在和孩子玩的时候，我们要时刻留意自己的情绪和反应，就像给自己装了个小镜子，随时都能看清自己。而当孩子表现出各种情绪和行为时，我们也要学会接受，不要急着去批评或回应。我们要用一种宽容的心态去看待这些问题，不要急着下结论。

和孩子说话的时候，我们要用开放、鼓励的语气，让他们愿意说出自己的想法和感受。这样，我们和孩子之间的关系就会更加和谐，更加亲密。在这个充满挑战和爱的旅程中，作为父母的我们都在努力，都在学习如何成为更好的父母，如何在忙碌的生活中找到与孩子相处的平衡点。

2. 我与正念教养的故事

晨曦中的觉醒：家庭与事业的天平

在夜色如织的宁静中，我，一位肩负着事业重担的母亲，拖着疲惫的身躯，心中满是愧疚，轻手轻脚地推开了孩子房间的门。星光透过窗帘的细缝，柔和地洒在孩子熟睡的脸庞上，那宁静的睡颜如同一幅温馨的画卷，但我的心情久久无法平静。我深知，家庭与事业之间的天平，需要我用无尽的智慧和深沉的爱去细心调和。

错过与孩子相处的宝贵时光，就如同错过了春天里最绚烂的花朵。清晨，一声稚嫩的"阿姨"响起，那简单的呼唤却像一把锋利的刀刃，深深地刺入我的心房。我泪眼蒙眬地向他道歉，而他那温暖而纯净的拥抱，就像清晨的第一缕阳光，穿透了我所有的不安与愧疚，温暖了我的整个世界。那一刻，我深刻地领悟到，孩子所渴望的不是物质上的满足，而是心灵上的陪伴和理解。

我开始反思，是否在追求事业成功时，忽略了给予孩子成长中不可或缺的陪伴。无论工作多么繁忙，我们都应该抽出时间，哪怕只是片刻，倾听孩子的心声，分享他的快乐与忧愁。这些时光是无法用物质替代的，它们是孩子成长道路上最宝贵的财富。

直播中的共鸣：自我救赎的篇章

在那个充满温暖的直播间里，我向所有在场的父母敞开心扉，传达了一个坚定的信念："我们真的不需要带着一种牺牲感去面对我们的孩子。"孩子们对我们的爱，实际上是对我们那些不完美的部分的接纳与理解。我在这里分享了自己的故事，希望能够触动大家的心弦，引起共鸣，让更多的父母在繁忙和琐碎的生活中，依然能够找到与孩子沟通的机会，建立起更加和谐的亲子关系。

爱的传递：情感的升华

在这个充满焦虑与期待的时代，父母的心情总是复杂而微妙的。每当孩子在学校面临新的挑战，无论考试、比赛还是与同学的相处，这些时刻都成了他们成长的机会。我们不仅要陪伴他们度过这些艰难的时刻，还要从中学会如何更好地引导和支持他们。

我希望，在一天即将结束的时候，我们能用一句充满爱意的话语作为最后的礼物。这句话可以是："宝贝，谢谢你选择成为我的孩子，有你在我身边，我感到无比的幸福和满足。"这不仅是一句对孩子的肯定和鼓励，更是对我们自己的一种激励。它提醒我们，无论生活多么艰难，爱始终是我们教育孩子的最好语言。

通过这样的言语，我们传递给孩子的是无条件的接纳和支持。我们希望他们知道，无论成功还是失败，我们都将永远站在他们身后，给予他们力量和勇气。这样的爱，不仅能让孩子在成长的道路上更加自信和坚定，也能让我们自己在面对生活中的各种挑战时，更加从容和坚定。爱，是我们共同的语言，是我们相互支持和成长的基石。

温柔的夜话：无条件的拥抱

即使在生活的某些时刻，我们可能会感到愤怒或沮丧，但我们仍然可以温柔地告诉孩子，无论他做了什么，无论他犯了什么错误，我们的爱都始终如一，永远不会改变。每晚临睡前的那句"晚安"，不仅仅是一句简单的问候，更是对孩子最深情的告白。我们可以轻声对孩子说："宝贝，有你在我身边，我感到特别的幸福和满足。"这句话就像夜晚的摇篮曲一样，充满了温暖的力量，能够抚慰孩子的心灵，让他在爱的怀抱中安然入睡。

安全感的港湾：爱的永恒

父母的爱，宛如孩子心灵深处的避风港，无论外界如何风云变幻，这份爱始终如一盏不灭的灯塔，为孩子指引着前行的方向，照亮他们前进的道路。这是一段关于重新定义养育之道的旅程，一个关于如何成为足够好的父母，以及如何在这一过程中成就更好的自己的故事。这个故事不仅仅是关于父母如何教育孩子，更是关于父母如何在这一过程中实现自我成长和自我完善。

爱的延续：未来的篇章

随着时间的推移，孩子们会逐渐长大成人，他们会遇到越来越多的挑战和需要作出各种选择的时刻。然而，无论在哪个阶段，我们都必须铭记在心，给予孩子们无条件的爱与支持。让我们携手并进，用充满爱意和理解的方式，为孩子们建立起一生的安全感，让他们深刻感受到，无论世界如何变化，父母的爱始终如一，永不改变。

这是一段关于成长、接纳和爱的旅程。在这个旅程中，我们学会了倾听孩子们的心声，理解他们的需求和感受，接纳他们的优点和缺点。我们学会了在不完美的现实世界中寻找完美的瞬间，学会了用无尽的爱去温暖孩子的心灵，让他们在成长的道路上感受到无尽的温暖和支持。

读懂他人

在探寻幸福与成长的道路上，读懂他人往往是我们深化自我理解的关键一步。当我们学会以一颗温柔而敏锐的心去感知伴侣的内心世界，不仅能促进双方关系的和谐，更能让我们在相互的映照中看见更加完整的自己。这不仅是对婚姻与情感的深刻理解，更是我们在人际交往中应当追求的一种境界。

一、成长心态的概念

心理学的广袤领域中存在一种独特的视角——"成长心态"（growth mindset），它如同一盏明灯，引领我们深入探索婚姻与亲密关系的奥秘。这一概念由卓越的心理学家卡罗尔·德韦克（Carol Dweck）精心构建，她以非凡的洞察力告诉我们，正如个体的智慧与能力能够在不懈的努力与学习中绽放光彩，我们的情感关系同样具备无限的成长潜力。成长心态的核心在于一种深刻的信念：在关系的长河中，我们所遭遇的每一个挑战与困难，并非阻碍我们前行的巨石，而是推动我们共同学习与成长的宝贵机遇。它鼓励我们以一种更加积极、乐观的心态去面对婚姻中的风雨，将每一次的波折视为加深理解、增进亲密的契机。

在这一信念的指引下，我们可以学会如何在关系中持续学习，不断探索更加高效、温馨的沟通方式，努力理解对方的内心世界，并在对方需要时给予最坚实的支持。我们彼此鼓励，共同追求个人的成长与梦想，同时也在成长的道路上与对方携手同行，共同面对未知与挑战。

更重要的是，成长心态教会我们接纳变化，认识到无论个人还是关系本身，都处于不断变化与发展的动态过程中。这种接纳不仅让我们更加珍惜眼前的美好，也为我们未来的成长与探索奠定了坚实的基础。

二、成长心态：婚姻是相互成全

在漫长的爱的旅程中，每个人都在不断地学习和探索，努力成为对方生命中的一束光芒，照亮彼此的道路。在这个过程中，我们学会了如何在婚姻的港湾里相互扶持，共同成长，携手面对生活中的风风雨雨。这是一段充满成长心态的旅程，需要我们不断地自我提升和自我超越。同时，这也是一个关于相互理解的故事，我们需要学会倾听对方的心声，理解对方的需求和感受，才能更好地携手前行。最重要的是，我们需要用坚定的信念和不变的承诺，来维系这段美好的婚姻关系。通过这样的努力，我们才能在爱的旅途中，共同创造出一个幸福与和谐的家庭。

爱的启程：梦想与现实的交织

在那个阳光灿烂的婚礼之日，我的丈夫，一位怀揣梦想却囊中羞涩的青年向我许下了一个承诺：每年，我们都要穿上婚纱，记录下我们爱情的点点滴滴。这个承诺宛如一颗种子，在我们共同生活的土壤中生根、发芽。

时光的印记：年年岁岁的承诺

从风景如画的圣托里尼岛到繁华的徐家汇街头，每年我们都会拍摄婚纱照，这些照片成了我们爱情故事的见证。即使在最艰难的时刻，我们也依然坚持这个传统，因为在那些照片中，我们不仅看到了彼此的身影，更看到了我们共同成长的足迹。这些照片记录了我们的欢笑、泪水和每一个重要的瞬间，见证了我们一路走来的点点滴滴。

外界的质疑：守护爱情的坚持

有一次，一个自以为是的大哥对我们坚定不移的信念提出了质疑。面对他的困惑和不解，我的丈夫沉默了片刻，似乎在思考如何回应。然后，他坚定而有力地说："外面的世界已经充满了残酷和无情，她想成为一个公主，享受那份纯真和美好，那我就会尽我所能，让她在这个残酷的世界中尽可能久地保持她的公主梦。"那一刻，我深深地感受到他对我的理解和支持，感激他愿意守护我的公主梦，让我在这个复杂的世界中依然能够保持那份纯真和美好。他的坚定和温柔让我更加坚信，无论未来如何，他都会是我最坚强的后盾。

直播间的分享：传递爱与成长的智慧

在直播间里，我与大家分享了我们的故事，详细地讲述了我对美好婚姻和真挚感情的深刻理解。一段真正美好的感情不仅仅是看到了对方的优点，更重要的是，通过这段感情，我们能够看到自己变得更好，成为更加完善的个体。我强调，真正的爱情不是单方面的付出，而是双方相互成全、相互包容的过程。在这个过程中，我们共同成长，共同面对生活中的挑战和困难。

我鼓励那些在感情中感到迷茫和困惑的人，让他们相信，真爱是存在的，它需要双方的努力和坚持。真正的爱情不仅仅是激情和浪漫，更多的是在平凡的日子里，能够相互理解和支持。我希望大家能够勇敢地去追求并且珍惜这样的感情，相信自己值得拥有美好的爱情，在感情中不断成长和进步。

心灵的觉醒：成长心态的力量

通过深入学习心理学，我深刻领悟到成长心态所蕴含的强大力量。在婚姻的殿堂里，我们不仅要学会欣赏和赞美对方的优点，更要学会在对方的影响和激励下，不断努力成为更好的自己。这种相互促进、共同成长的过程，不仅能让我们的关系变得更加深厚、更加牢固，而且在面对生活中的风风雨雨、各种挑战和困难时，也能让我们变得更加坚强、更有韧性。正是这种不断成长的心态，使我们的婚姻充满了活力和希望，让我们在携手共度人生旅程的过程中，不断收获幸福和满足。

爱的归宿：共同编织的未来

在如今这个充满变化和挑战的时代，我依然坚守在直播间，不断地向大家传递着这样一个核心信息：一段真正美好的感情，应该是你在我的生命中扮演着积极的角色，而我也在你的影响下变得更加优秀。这是我希望通过直播去传达的理念，也是我在深入研究心理学后领悟到的深刻道理。

我相信，只要每个人都保持一种积极的成长心态，能够在彼此的陪伴和支持下不断进步，我们就能在婚姻这段漫长的旅途中，携手共同编织出一个充满爱意、共同成长的美好未来。这样的未来不仅仅是两个人的幸福，更是两个灵魂的升华，让我们在彼此的陪伴中，不断发现新的自我，实现更高的生命价值。

自我发展

第三节

直播不仅仅是一种商业展示，更是一次心灵的旅程。它超越了简单的销售和营利，成为个人成长和自我探索的舞台。在直播的每一刻，每一次表达和叙述，都是对个人经历的反思，对知识的传播，以及对内心情感的表达。这个过程不仅促进了个体的自我理解和自我疗愈，同时也为受众的心灵带来了温暖和指引。它让我们认识到，每个人都有其独特的价值，都应当得到尊重和肯定。实际上，直播是一场关于自我发展的关键实践。

许多人认为直播的目的在于销售商品、赚取利润、提升知名度，但对我而言，我更倾向于向大家传达的是，直播是一次心灵的旅程。通过表达和叙述，分享个人的生活经历、阅读心得以及个人感受，我们学会了自我洞察和自我疗愈，同时也为他人带去了温暖和启迪。

我想通过直播间，让更多的人学会对自己说"我很重要"。随着一系列直播的分享，我的在线受众人数已经突破 2000 人。你看，当你真诚地对待这个世界，不断学习和成长时，上天绝不会辜负你的努力。

自从我在直播间分享那些真正对我有益的方法，我的直播事业就越来越顺畅。我成为帆书最高级别的知识主播、樊老师的助播，并且被许多大品牌邀请去做演讲。我事业的第二曲线——作为知识主播的职业生涯，也步入了正轨。

我研发的帆书心理院课程，因为学员的积极反馈，收获了良好的口碑，也成为公司的明星项目。在 2024 年的"六一"儿童节，我还与国家精神卫生与心理健康防治中心的特聘专家共同举办了一场以"守护儿童心理健康"为主题的直播。直播结束后，我和家人一起带着儿子庆祝儿童节。我们来到长江滩涂上抓螃蟹，我的丈夫带着两岁的儿子玩得满身泥巴，孩子的笑声在空气中回荡。我坐在岸边，沐浴在温暖的阳光下，感觉非常美好。感谢心理学，感谢这一路不断学习的自己，让我成为一束光，按照自己的意愿度过这一生。

在追求个人成长与幸福的旅途中，我们无可避免地会遇到自我认知的深化、人际关系的拓展以及自我价值的实现等各种挑战。在这一过程中，读懂自己、读懂他人及自我发展三种心态如同三驾马车，相辅相成，驱动着我们不断前行。具体而言，做副业这一实践便是检验与锻炼这些心态的绝佳舞台。它要求我们不仅要有读懂自己的智慧，明确自身定位与优势；还要具备读懂他人的能力，建立和谐的人际关系网；更重要的是，自我发展的心态将激励我们在做副业的道路上不断探索、学习与成长，最终引导我们走向成功与幸福的彼岸。

在这个快节奏的时代，我们有时就像一个不断旋转的陀螺，被生活的各种压力和责任驱使着。面对日益增长的生活成本和不断变化的职业环境，更多人开始寻求额外的收入来源，以增强自己的经济安全感。副业，作为一种灵活的工作方式，逐渐成为许多人的选择。然而，不是每个人都能在一开始就找到适合自己的副业，这需要时间、耐心和不断的尝试。

低风险做副业是一种智慧的选择。它不仅能够为我们带来额外的经济收入，更重要的是，它能够让我们在这个充满不确定性的世界中，拥有更多的选择和自由。做副业可以是一次新的尝试，一个梦想的起点，或者仅仅是一个充实业余时间的方式。无论它是什么，做副业都不应该成为我们生活中的负担，而应该是一个让我们感到快乐和满足的源泉。

在探索副业的过程中，我们可能会遇到各种挑战和困难。我们可能会感到迷茫，不知道从哪里开始，或者担心自己是否有足够的能力和时间来应对，这些都是正常的情绪。但重要的是，我们不应该让这些情绪阻碍我们前进的步伐。每个人的副业之路都是独一无二的，我们需要给自己足够的时间和空间去探索和尝试。

我们需要认识到，做副业并不是一夜之间就能成功的。它需要我们投入时间和精力，去学习新的技能，去了解市场的需求。在这个过程中，我们可能会遇到失败，但每一次失败都是一次学习的机会，让我们更加了解自己，更加了解市场。

我们还需要学会管理风险。做副业虽然可以带来额外的收入，但同时伴随着一定的风险。我们需要学会如何评估和管理这些风险，确保我们的副业不会对我们的财务状况和个人生活造成负面影响。这可能意味着我们需要在开始做副业之前，制订一个详细的计划。

最后，我们需要记住，做副业的目的是让我们的生活更加丰富多彩，而不是成为我们生活的全部。我们不应该让做副业的压力影响到我们的健康和家庭生活。我们需要找到一种平衡，让做副业成为我们生活的一个有益补充，而不是一个负担。

在这个过程中，我们可能会遇到各种人，听到各种声音。有些人可能会告诉我们，做副业是不可能成功的，或者我们没有足够的能力去尝试，但这些声音不应该成为我们放弃的理由。相反，它们应该成为我们前进的动力，激励我们去证明自己，去实现我们的梦想。

低风险做副业是一种生活态度，一种对自我价值的追求，一种对未来的规划。它不是一条容易的道路，但只要我们有决心、有耐心、有策略，我们就能够找到属于自己的副业之路。不要焦虑，不要急躁，慢慢地，一步一个脚印，你会发现，做副业不仅能够为你带来经济上的收益，更能够为你的生活带来无限的可能性。让我们一起，以平和的心态，迎接做副业带来的每一个挑战和机遇。